Die Astralebene, ihre Szenerie, ihre Bewohner und ihre Phänomene

C. W. Leadbeater

Verlag Heliakon

Titel: Die Astralebene, ihre Szenerie, ihre Bewohner und ihre Phänomene

Umschlaggestaltung: Verlag Heliakon

2018 Verlag Heliakon
www.verlag-heliakon.de
info@verlag-heliakon.de

ISBN: 978-3-943208-41-2

Alle Rechte vorbehalten

Inhaltsverzeichnis

Die Szenerie	13
Die Bewohner	27
I. Die menschlichen Wesen	*28*
I. Die Lebenden	28
2. Die Toten	34
II. Die nicht-menschlichen Wesen	*64*
1. Die Elementar-Essenz, die zu unserer eigenen Entwicklung gehört	67
2. Die Astralkörper der Tiere	79
3. Natur-Geister (nature-spirits) aller Arten	80
4. Die Devas	85
III. Die künstlichen Wesenheiten	*92*
I. Unbewusst hervorgerufene Elementarformen	92
2. Bewusst hervorgerufene Elementarformen	100
3. Künstliche Menschenwesen	104
Phänomene	111

Einleitung

Obwohl die meisten Menschen sich dessen nicht bewusst sind, verbringen wir doch unser ganzes Leben inmitten einer weiten, bevölkerten unsichtbaren Welt. Während des Schlafes oder im Trance-Zustand (im *Tiefschlaf*), wenn die normalen physischen Sinne für die Zeit außer Tätigkeit gesetzt sind, öffnet sich dem Menschen diese andere Welt bis zu einem gewissen Grade, und er bringt häufig mehr oder weniger unbestimmte Erinnerungen von dem zurück, was er dort gesehn und gehört hat.

Wenn der Mensch bei dem Wechsel der Erscheinungsform, den er Tod nennt, seinen physischen Körper ganz beiseitelegt, dann ist es diese unsichtbare Welt, die ihn aufnimmt und in der er die langen Jahrhunderte hindurch lebt, die zwischen seinem Tode und seiner Wiederverkörperung in die Daseinsform, die wir kennen, verfließen. Bei Weitem den größten Teil dieses langen Zeitraumes verbringt er in der Himmelswelt, dem das 6. in der Reihe der Handbücher* gewidmet ist; was wir hier jedoch zu betrachten haben, ist der niedere Teil der unsichtbaren Welt, der Zustand, in welchen der Mensch unmittelbar nach dem Tode übergeht – der Hades oder die Unterwelt der Griechen, das Fegefeuer oder das Mittelreich des Christentums, der von den Alchemisten des Mittelalters die Astralebene oder Astralsphäre genannt wurde. Der Zweck dieses Handbuchs ist, die Mitteilungen und Ausschlüsse über dieses interessante Gebiet, die sich in der theosophischen Literatur zerstreut finden, zu sammeln und zu ordnen, und sie durch neue Tatsachen, die uns zur

---

*) C. W. Leadbeater, „Die Devachan-Ebene."

Kenntnis gekommen sind, etwas zu ergänzen. Wir machen darauf aufmerksam, dass alle diese Zusätze nur das Ergebnis der Untersuchungen einiger Forscher sind und deshalb in keiner weise Autorität beanspruchen, sondern dass jeder ihren Werth selbst abschätzen muss. Andrerseits hebe ich jedoch hervor, dass wir alle uns mögliche Mühe angewandt haben, genau zu sein, und dass keine Tatsache, ob alt oder neu, in dieses Handbuch Aufnahme gefunden hat, die nicht von wenigstens zwei unabhängigen geschulten Forschern bezeugt, und außerdem von älteren, uns an Kenntnis in diesen Dingen natürlich weit überlegenen Schülern, als richtig anerkannt worden ist. Man hat daher Grund, anzunehmen, dass diese Berichte von der Astralebene sich als zuverlässig erweisen werden, wenn sie auch auf Vollständigkeit keinen Anspruch machen können.

In erster Linie muss man sich bei der Betrachtung der Astralsphäre darüber klar werden, dass sie absolut real, wirklich ist. Ich gebrauche hier das Wort *Wirklichkeit* natürlich nicht im Sinne des metaphysischen Standpunkts, wo alles, außer dem Einen, dem Unoffenbarten, unwirklich, weil nur zeitlich, ist; ich verstehe die Bezeichnung in ihrem gewöhnlichen alltäglichen Sinne und will damit sagen, dass die Dinge und die Bewohner der Astralsphäre genau so wirklich sind, wie unsere gewöhnlichen Körper, unsere Möbel, unser Haus oder die Denkmäler wirklich sind – so wirklich wie Charing cross*, um eine drastische Ausdrucksweise zu gebrauchen, die sich in einer unsrer ersten theosophischen Werke findet.

Sie sind ebenso wenig ewig, wie die Dinge aus der physischen Ebene, aber sie sind nichts destoweniger von Unserm Standpunkt aus wirklich, so lange sie überhaupt da sind – es sind Wirklichkeiten, die wir nicht einfach deshalb unbeachtet

---

*) Eine Straße in London.

lassen dürfen, weil die bei Weitem meisten Menschen von ihrem Dasein nichts wissen oder von ihnen nur ein sehr unsicheres Bewusstsein haben.

Es kann keiner die Lehren der Weisheits-Religion richtig verstehen, ehe er nicht wenigstens verstandesmäßig die Tatsache erfasst hat, dass es in unserm Sonnensystem vollkommen verschiedene Ebenen oder Sphären gibt, von denen jede ihre eigene Materie von stufenweise verschiedener Dichtigkeit besitzt, und dass Menschen, die sich hierzu befähigt haben, einige dieser Sphären besuchen und erforschen können, gerade wie man unbekannte Länder bereisen und untersuchen kann; ferner, dass man durch Vergleichung der Berichte von Personen, die andauernd in diesen Sphären arbeiten, wenigstens ebenso befriedigende Beweise für deren Existenz und deren Natur erhalten kann, als die, welche die meisten von uns von der Existenz und der Natur von Grönland oder Spitzbergen besitzen. Ja – gerade wie jeder, der die Mittel hat und die Neigung, die Mühe auf sich zu nehmen, sich auf die Reise machen, selbst Grönland oder Spitzbergen sehen kann, gerade so kann jeder, der sich entschließt und die Mühe auf sich nimmt, durch die dazu nötige Lebensweise sich hierfür zu befähigen, seiner Zeit dahin gelangen, selbst diese höheren Sphären zu schauen.

Die Namen, die man diesen Sphären oder Ebenen gibt, wenn wir sie in der Reihenfolge ihrer Materialität nehmen und von den dichteren zu den feineren aufsteigen, sind folgende: Die physische, die Astral-, die Mental- oder Devachan-, die Buddhi- und die Nirvana-Sphäre oder Ebene. Es gibt noch 2 höhere, aber diese sind so hoch über unser jetziges Begriffsvermögen erhaben, dass wir diese zurzeit außer Betracht lassen können. Die Materie jeder dieser Sphären unterscheidet sich von der nächst tieferen in derselben Weise, wenn auch in einem weit höheren Grade, wie sich Dampf von flüssigen Körpern unterscheidet; tatsächlich sind die feste, die flüssige und die gasförmige Materie Unterabteilungen derjenigen Materie, die zur physischen Ebene gehört.

Die Astralebene, die ich hier zu beschreiben suchen will, ist die zweite dieser großen Regionen der Natur — die nächste über (oder innerhalb) der uns allen vertrauten physischen Welt. Sie wird oft das Reich der Illusion, der Täuschung genannt; nicht, dass sie selbst irgendwie illusorischer wäre, als die physische, sondern wegen der außerordentlichen Unzuverlässigkeit der Eindrücke, welche der ungeschulte Seher von ihr zurückbringt. Dies rührt hauptsächlich von zwei charakteristischen Eigentümlichkeiten der Astralwelt her; erstens haben viele ihrer Bewohner eine wunderbare Fähigkeit, ihre Gestalten mit proteusartiger Geschwindigkeit zu wechseln und in wahrhaft unendlich verschiedener Weise die zu verblenden und zu verwirren, mit denen sie ihr Spiel treiben wollen; und zweitens ist das Schauen auf dieser Ebene eine von dem physischen Sehen sehr verschiedene und eine viel erweiterte Fähigkeit als diese. Man sieht den Gegenstand, so zu sagen, von allen Seiten auf einmal, die Innenseite eines festen Körpers ist dem Blick eben so offen, wie die Außenseite; es ist daher wohl zu verstehen, dass es einem unerfahrenen Besucher dieser neuen Welt viel Schwierigkeit macht, zu verstehen, was er in Wirklichkeit sieht, und noch größere, das Geschaute in der so sehr unzureichenden Sprache der gewöhnlichen Welt wiederzugeben.

So ist zum Beispiel einer der Irrtümer, der häufig passiert, die Umkehrung der Zahlen, die der Seher im astralen Licht sieht; er wird leicht 139 statt 931 lesen usf. Wenn jedoch ein Schüler des Okkultismus durch einen fähigen Meister angeleitet wird, dann würde ein solcher Fall nur bei großer Hast oder durch Unachtsamkeit möglich sein, da ein solcher Zögling einen langen und vielseitigen Lehrkursus in der Kunst des genauen Schauens durchzumachen hat; der Meister oder vielleicht ein vorgeschrittener Jünger zeigt ihm fortwährend neue täuschende

Formen und fragt ihn: »Was siehst Du?« Jeder Irrtum in der Antwort wird alsbald berichtet und seine Veranlassung erklärt, bis der Neuling nach und nach eine Sicherheit und Zuverlässigkeit in der Beurteilung der astralen Phänomene erlangt, die alles im physischen Leben Mögliche weit überschreitet.

Aber er muss nicht nur lernen, korrekt zu sehen, sondern auch sein Erinnerungsbild von dem, was er gesehen hat, genau von einer Sphäre zur anderen zu übertragen, zu übersetzen; und um dies zu lernen, hat er sich zu üben, sein Bewusstsein ohne Unterbrechung von der physischen Ebene zur astralen und mentalen und wieder zurück zu bringen; denn ehe er dies nicht fertigbringt, ist immer noch die Möglichkeit vorhanden, dass während der leeren Zwischenzeit, welche die Bewusstseinsperioden auf den verschiedenen Ebenen trennt, seine Erinnerung verzerrt wird oder ihm etwas entfällt. Sobald der Schüler die Fähigkeit erworben hat, sein Bewusstsein vollkommen klar durchzubringen, steht ihm die Benutzung aller astralen Fähigkeiten offen, und zwar nicht nur, wenn er während des Schlafes oder im Traum sich außerhalb seines physischen Körpers befindet, sondern auch im gewöhnlichen wachen Zustand.

Einige Theosophen haben sich angewöhnt, verächtlich von der Astralregion zu sprechen, und halten sie unserer Beachtung ganz unwürdig. Doch scheint mir dies eine falsche Auffassung. Ganz gewiss, wonach wir zu trachten haben, ist das spirituelle Leben, und es würde für jeden Schüler verhängnisvoll sein, diese höhere Entwicklung zu vernachlässigen und sich mit der Erreichung des astralen Bewusstseins zufriedenzugeben. Bei einigen Menschen gestattet es ihr Karma, die höheren mentalen Fähigkeiten zuerst zu entwickeln – zurzeit die Astralsphäre so zu sagen zu überspringen; aber dies ist nicht die Methode, die gewöhnlich von den Meistern der Weisheit bei ihren Schülern angewandt wird. Wo sie möglich ist, da erspart sie ohne Zweifel viel Mühe und Anstrengung, aber bei den Meisten von uns haben die Fehler und Torheiten in der Vergangenheit unseren sprungweisen Fortschritt unmöglich gemacht; alles, was wir hoffen können, ist, dass wir unseren Aufstieg langsam Schritt für Schritt erringen, und da unserer Welt der dichteren Materie die astrale Sphäre zunächst liegt, so finden unsere ersten überphysischen Erfahrungen gewöhnlich in ihr statt. Sie ist daher für alle Anfänger in diesen Studien von großem Interesse und ein klares Verständnis ihrer Geheimnisse von großer Wichtigkeit, nicht nur, um die uns sonst unerklärlich bleibenden Phänomene in den Sitzungs-Räumen, Spukhäusern, usw., zu begreifen, sondern auch uns und andere vor möglichen Gefahren zu schützen.

Die erste Einführung in diese merkwürdige Welt ist bei verschiedenen Menschen sehr verschieden. Einige werden nur einmal in ihrem ganzen Leben unter ungewöhnlichen Einflüssen sensitiv genug, die Gegenwart einer der astralen Wesenheiten wahrzunehmen, und wenn sich dieses Erlebnis nicht wiederholt, kommen sie meistens zu dem Glauben, damals einer Halluzination zum Opfer gefallen zu sein; andere machen die Erfahrung, dass sie immer häufiger und häufiger etwas sehen und hören, wogegen ihre Umgebung blind und taub ist; andere wieder – und das ist der bei weitem gewöhnlichste Fall – fangen an, mit immer größerer Klarheit sich dessen zu erinnern, was sie in jener anderen Region während des Schlafes gesehen und gehört haben.

Unter denen, welche sich speziell dem Studium dieses Gegenstandes widmen, versuchen einige das astrale Sehen durch Kristallschauen oder andere Methoden zu entwickeln, während die, welche den unschätzbaren Vorteil haben, sich der unmittelbaren Führung eines befähigten Lehrers zu erfreuen, meistens zuerst unter seinem speziellen Schutz diese Sphäre betreten; sie müssen dann die verschiedenen Prüfungen und Erfahrungen durchmachen, bis der Führer sich beruhigt fühlt, dass der Schüler gegen alle Gefahren und alle Schrecken, die diesem dort entgegen treten können, gefeit ist. Aber wie auch die vorbereitenden Schritte sich gestalten mögen, der Zeitpunkt, da der Mensch das erste Mal tatsächlich sich klar wird, dass wir uns alle fortwährend inmitten einer großen Welt voll aktiven Lebens befinden, von der freilich die Meisten keine Ahnung haben, muss jedenfalls einen epochemachenden Abschnitt in seinem Dasein bezeichnen.

So unendlich reich und mannigfaltig ist dieses Leben in der astralen Welt, dass der Neuling zunächst vollständig verwirrt wird; und selbst für den geübten Forscher ist es keine leichte Aufgabe, alle Formen dieses Lebens zu klassifiziren und aufzuzählen. Wenn der Entdeckungs-Reisende einen vollständigen Bericht über die Länder und die tropischen Wälder, die er durchstreift hat, geben soll, mit allen genauen Einzelheiten in Betreff der Pflanzen und Minerale, deren Produkte sowie der Gattung und der Art aller der Myriaden Insekten, Vögel, Säugetiere und Reptilien, die er gesehen hat, dann mag er wohl vor der Großartigkeit seiner Aufgabe zurückschrecken; aber auch dies hält keinen Vergleich aus mit der Schwierigkeit für den psychischen Forscher; denn in seinem Fall sind die Dinge viel komplizierter; zunächst durch die schwere Aufgabe, seine Erinnerung von dem, was er gesehen hat, aus jener Sphäre zu unserer vollständig und genau zu übertragen, – und ferner dadurch, dass die gewöhnliche Sprache so sehr ungeeignet ist, das auszudrücken und zu schildern, was er zu berichten hat.

Wie dem auch sei – gerade wie der Forschungsreisende auf der physischen Ebene wahrscheinlich seinen Bericht über ein Land mit irgendeiner Art Beschreibung seines allgemeinen Naturcharakters, des Charakters seiner Szenerie beginnen wird, ebenso wird es sich empfehlen, diese flüchtige Skizze der Astral-Sphäre mit dem Versuch zu beginnen, eine Idee von der Szenerie zu geben, die den Hintergrund zu ihren wunderbaren und ewig wechselnden Lebens-Vorgängen bildet.

Aber wir müssen uns sofort zu Anfang klar machen und festhalten, dass, wie gesagt, die außerordentlich verwickelte Aufgabe ganz besonders große Schwierigkeiten zu überwinden hat. Alle, die auf jener Ebene volles Schauen besitzen, stimmen darin überein, dass der Versuch, den bis jetzt ungeöffneten Augen ein lebendiges Bild dieser astralen Szenerie zu geben, dem Unternehmen gleicht, einem Blinden die entzückende Mannigfaltigkeit der Farbentöne eines Sonnenuntergangs zu schildern; – so genau und ausführlich die Beschreibung auch sein mag, man ist nie sicher, dass die Idee, die man dem Geist des Hörers übermittelt, ein entsprechendes Bild der Wirklichkeit ist.

Die Szenerie

Also zunächst ist hervorzuheben, dass die Astralebene sieben Abteilungen besitzt, die dem Grade der Stofflichkeit, wie dem Aggregatzustand seiner Materie nach verschieden sind. Obgleich die Armut der physischen Sprache uns zwingt, von höheren und niederen Abteilungen zu reden, so müssen wir nicht in den Irrtum verfallen, sie (und ebenso die ganze Ebene oder Sphäre selbst, von denen diese nur Teile sind) uns als besondere Gegenden im Raum vorzustellen, – als lägen sie über einander, wie die Wörter eines Büchergestells, oder einander umschließend, wie die Schalen einer Zwiebel. Man muss sich klar machen und festhalten, dass die Materie jeder Ebene oder Unterebene die nächst tiefere Ebene oder Unterebene durchdringt, sodass auf der Oberfläche der Erde alle zusammen im selben Raum vorhanden sind, wenn auch die feineren Stoff-Arten sich weiter – in der Richtung von der Erd-Oberfläche fort – ausdehnen, als die gröberen.

Wenn wir also sagen, ein Mensch erhebt sich von einer Ebene oder Unterebene zu einer anderen, so denken wir uns dabei nicht, dass er sich überhaupt im Raum irgendwohin bewegt, sondern dass er sein Bewusstsein von einer Stufe auf eine andere versetzt, indem er allmählich für die Schwingungen der neuen Stoff-Art unempfänglich wird und statt dessen anfängt, auf die einer höheren und feineren Art zu reagiren, sodass die eine Welt mit ihrer Szenerie und ihren Bewohnern scheinbar vor seinen Blicken verschwindet, während an ihrer Stelle eine andere, höhere allmählich aufdämmert.

Nummerieren wir diese Abteilungen von der höchsten herabsteigend zur niedrigsten, dann finden wir, dass sie ihrer

Natur nach in 3 Klassen zerfallen: Die erste, zweite und dritte Abteilung bilden eine Klasse, die vierte, fünfte und sechste eine zweite, während die siebente, die niedrigste von allen, allein steht.

Die Verschiedenheit zwischen der Materie der einen dieser Klassen und der der nächsten, ist etwa mit dem Unterschied zwischen festen Körpern und Flüssigkeiten zu vergleichen, während die Verschiedenheit der Materie der Abteilungen innerhalb einer Klasse mehr der zwischen zwei Arten fester Körper entspricht, sagen wir der Verschiedenheit zwischen Stahl und Sand.

Lassen wir zunächst die 7. Abteilung beiseite. Die 4., 5. und 6. hat als Hintergrund die physische Welt, mit allem, was dazugehört, die Welt, in der wir leben.

Das Leben auf der 6. Abteilung ist einfach gerade so, wie Unser gewöhnliches Leben auf dieser Erde, minus dem Physischen Körper und seinen Bedürfnissen! Beim Aufstieg durch die 5. und 4. wird es weniger und weniger materiell und es entzieht sich immer mehr unserer niederen Welt und ihren Interessen.

Die Szenerie dieser niederen Abteilungen ist also die der Erde, wie wir sie kennen; aber in Wirklichkeit bietet sie noch viel mehr; denn wenn wir sie, von diesem andersartigen Standpunkt aus, mit den astralen Sinnen betrachten, dann bieten selbst die reinen physischen Gegenstände einen sehr verschiedenen Anblick.

Wie schon erwähnt, der, dem die Augen vollständig geöffnet sind, sieht sie nicht von einem Gesichtspunkt aus, sondern von allen Seiten auf einmal, eine Tatsache, die schon an und für sich hinreichend verwirrend ist, und wenn wir nun noch hinzufügen, dass jedes Partikelchen im Inneren eines festen

Körpers ebenso vollständig und klar sichtbar ist, wie die der Außenseite, dann wird man begreifen, dass unter solchen Umständen selbst die bekanntesten Gegenstände zuerst gar nicht wieder zu erkennen sind.

Und doch, wenn man einen Augenblick darüber nachdenkt, wird man einsehen, dass ein solches Schauen eine viel richtigere Auffassung des Geschauten gibt, als das physische Sehen. Von der Astralsphäre aus betrachtet, erscheinen z. B. die Seiten eines gläsernen Würfels alle gleich groß, wie sie ja auch wirklich sind, während wir auf der physischen Ebene die entfernteren Seiten perspektivisch sehen – d. h. sie erscheinen kleiner als die näheren, und das ist doch offenbar eine Täuschung.

Diese charakteristische Art des astralen Schauens hat Veranlassung dazugegeben, es ein Schauen in der 4. Dimension zu nennen, ein sehr sinnreicher, bezeichnender Ausdruck.

Zu diesen Ursachen der Verwirrung kommt noch eine Tatsache hinzu, durch welche die Dinge noch komplizierter werden, nämlich die, dass dies höhere Schauen Stoffarten wahrnehmen kann, die freilich noch rein physisch, aber dennoch Unter gewöhnlichen Bedingungen vollständig unsichtbar sind.

Zum Beispiel alle kleinen Teilchen, die die Atmosphäre bilden, alle die verschiedenen Ausströmungen, die von jedem Ding, das da lebt, ausgehen; ebenso viel verschiedene Grade noch feinerer Art physischer Materie, die in Ermangelung unterscheidender Namen alle als Äther bezeichnet werden.

Diese letzteren bilden eine Art System für sich selbst und durchdringen ungehindert alle andere physische Materie. Die Erforschung ihrer Schwingungen und die Art, wie verschiedene höhere Kräfte auf sie wirken, würde für sich allein ein weiteres Feld sehr interessanten Studiums für jeden Mann der Wissenschaft bilden, der das nötige Schauen für die Untersuchung besäße.

Wenn wir nun auch alles bisher Gesagte uns ganz klar vorstellen, so haben wir doch noch nicht die Hälfte der Schwierigkeiten des Problems vor Augen; denn außer um alle diese neuen Formen physischer Materie handelt es sich um noch zahlreichere und befremdendere Arten astraler Materie. Zunächst müssen wir uns merken, dass jeder materielle Gegenstand, selbst jedes Partikelchen, sein astrales Gegenstück besitzt, und dies Gegenstück selbst ist nicht ein einfacher Körper, sondern ist gewöhnlich in komplizierter Weise aus verschiedenen Sorten astraler Materie zusammengesetzt.

Hierzu kommt noch, dass jedes lebende Geschöpf mit einer eigenen Atmosphäre umgeben ist, die gewöhnlich die Aura genannt wird. Diese Aura, besonders die der Menschen, ist selbst wieder ein faszinierender Gegenstand des Studiums für sich. Sie erscheint als ein ovaler leuchtender Nebel von sehr komplizierter Zusammensetzung; infolge ihrer Form nennt man sie auch wohl das aurische Ei.

Theosophen, die das Buch lesen, werden gewiss erfreut sein, zu hören, dass der Schüler, schon auf den ersten Stufen seiner Entwicklung zum vollständigen Schauen, durch Unmittelbare Beobachtung sich von der Zuverlässigkeit dessen überzeugen kann, was uns unsere große Begründerin Frau Blavatsk über die *sieben Prinzipien im Menschen* gelehrt hat. Wenn er seinen Mitmenschen betrachtet, dann sieht er nicht nur seine äußere Erscheinung; er unterscheidet den ätherischen Körper von fast genau derselben Größe wie der physische, während er zugleich vollkommen deutlich beobachtet, wie das universelle Lebensfluidum aufgenommen und spezialisiert, der individuellen Eigenart angepasst wird, wie es rosig leuchtend den Körper durchkreist und es seiner Zeit, wenn der Körper gesund ist, in veränderter Form ausstrahlt. Der leuchtendste Teil der Aura, der vielleicht vor allem am lichtesten zu sehen ist, trotzdem er zu einer feineren Art Materie gehört, – zu der astralen, – ist der, welcher durch lebhaftes Aufblitzen immer wechselnder Farben die verschiedenen Begierden und Wünsche kennzeichnet, die von Augenblick zu Augenblick des Menschen Seele durchziehen. Dies ist der eigentliche Astralkörper.

Sodann kommt die Aura des Mentalkörpers oder des niederen Manas, des Intellekts, die aus einer noch feineren Art Materie besteht, der der Rupa- (Form-) Stufen der Devachan-Ebene; ihre Farben wechseln nur in geringem Maße, je nach der Lebensführung der Menschen; sie kennzeichnen den Zug seiner Gedanken und die Anlagen und den Charakter seiner Persönlichkeit. Noch höher und unendlich viel schöner, da, wo er sich merklich entwickelt hat, ist das Licht des Kausalkörpers, des Vehikels des höheren Selbst, das die Stufe der Entwicklung des wahren Egos während seines Weiterschreitens von Geburt zu Geburt anzeigt. Aber um diese Auren sehen zu können, muss der Schüler selbstverständlich sein Schauen bis zu der Stufe entwickelt haben, zu welcher sie gehören.

Wer diese Dinge studieren will, wird sich viel Mühe sparen, wenn er sofort lernt, diese zusammengesetzte Aura nicht als bloße ausgestrahlte Atmosphäre anzusehen, sondern als Werkzeuge des Egos zu seiner Betätigung in den bezüglichen Sphären, – wenn er sich klar macht, dass das aurische Ei (die eiförmige Gesamtaura) der wahre Mensch ist, nicht der in der Mitte kristallisierte physische Körper. So lange das sich wieder verkörpernde Ego auf der Ebene seiner wahren Heimat, der formlosen, – Arupasphäre verbleibt, ist der Kausalkörper das Vehikel, das er erfüllt; steigt er jedoch hinab in die Form – Rupasphäre, dann muss er sich mit deren Materie umkleiden, damit er auf ihnen funktionieren kann; aus dem Stoff, den er so an sich zieht, bildet sich ihm der Mental- oder Denkkörper.

Ebenso wenn er weiter zur Astralsphäre hinabsteigt, gestaltet er sich aus deren Materie den Astral- oder Begierdenkörper, wobei er natürlich die anderen Körper beibehält; bei seinem weiteren Abstieg zu der niedrigsten Ebene von allen bildet sich schließlich der physische Körper in der Mitte der eiförmigen Aura, die nun den vollständigen Menschen darstellt.

Eingehendere Berichte über diese komplizierte Aura finden sich in der Transaktion No. 18 der London Lodge of the Theosophical Society* und in einer kleinen Schrift: The Aura, die ich veröffentlicht habe*. Aber das hier gesagte

wird genügen, um zu Zeigen, dass der Neuling sorgfältigen Studiums und vieler Übung bedarf, um sofort auf einem Blick die eine Aura von der anderen zu unterscheiden, da sie alle denselben Raum einnehmen, wobei die feinere immer die gröbere durchdringt. Aber trotzdem ist die menschliche Aura oder gewöhnlicher noch, nur ein Teil von ihr, nicht selten der erste rein astrale Gegenstand, den ein Ungeschulter erblickt, obgleich das Gesehene in solchem Fall natürlich sehr leicht falsch gedeutet wird. Wenn aber auch die astrale Aura mit dem Glanz ihrer Farbenblitze oft leichter in die Augen fällt, so besteht doch der Nervenäther und der ätherische Doppelkörper in Wirklichkeit aus einer viel dichteren, noch zur physischen Ebene gehörigen Materie, obgleich auch sie für das gewöhnliche Auge unsichtbar ist.

**Früher war es in der theosophischen Literatur üblich, den Linga Sharira als das astrale Gegenstück des menschlichen Körpers zu bezeichnen, da das Wort astral gewöhnlich für alles

---

*) Theosophjcal Publishing society London W. 3. Langham Place.

**) Diese Darlegung von *–*' stammt aus der ersten englischen Auflage dieses Werkes; der Verfasser hat sie, als nicht mehr nöthig, in der dritten Auflage fortgelassen, da in der englischen Literatur

gebraucht wurde, was jenseits der Wahrnehmungsfähigkeit unserer physischen Sinne lag.

Als nähere Untersuchungen uns in den Stand setzten, die Bezeichnungen genauer anzuwenden, sahen wir uns gezwungen, einen großen Teil der unsichtbaren Materie entschieden zur physischen zu rechnen und deshalb den Linga Sharira nicht mehr als *Astralkörper*, sondern als den *ätherischen Doppelkörper* zu bezeichnen. Dieser Name scheint sehr passend für ihn, da er aus verschiedenen Graden der Materie besteht, die die Wissenschaft *Äther* nennt, obgleich sich bei der Untersuchung ergibt, dass der Äther keine besondere Substanz für sich ist, wie allgemein angenommen wird, sondern ein feinerer Aggregatszustand als der gasförmige, in den jede Art physischer Materie mithilfe geeigneter Kräfte versetzt werden kann. Es wird deshalb in den theosophischen Schriften anstatt Linga Sharira der Name *Ätherischer Doppelkörper* (*etheric double*) angewandt werden; und diese Änderung bringt uns nicht nur den Vorteil, einen englischen (bezw. deutschen) Namen benutzen zu können, der den Körper sehr treffend bezeichnet, auf den der Name angewandt wird, sondern wir entgehen auch den häufigen Miss-

---

sich jetzt ganz allgemein der Name *Ätherischer Doppelkörper* oder *Ätherkörper* in seiner vom *Astralkörper* verschiedenen Bedeutung eingebürgert hat. In Deutschland ist dies noch nicht der Fall; häufig wird zwischen *Äther-* und *Astralkörper* kein Unterschied gemacht und beide als *astral* bezeichnet. Auch ist in der deutschen Übersetzung der ersten Auflage diese Darlegung fortgelassen worden. Ich füge hier eine kurze Bemerkung bei, die Frau Besant ihrerseits in Bezug auf die Wiedergabe des Sanskrit-Namens Linga Sharira machte und die manchen Leser interessieren dürfte. The seven principles of man (die sieben Prinzipien des Menschen), 15. Tausend S. 22: »Vor ihrem Abschied veranlasste H. P. B. ihre Schüler dringend, die Bezeichnungsweise zu reformieren, da diese nicht vorsichtig genug gewählt war, und wir Versuchen, ihren Wunsch zu erfüllen ...« Der Übersetzer

verständnissen, die daraus entspringen, dass in allen orientalischen Büchern dem Namen, den wir bisher benutzten, eine gänzlich andere Bedeutung beigelegt wird. Man muss übrigens dabei festhalten, dass wir durch die Änderung der Nomenklatur in keiner Weise eine neue Auffassung vorbringen; wir haben einfach, um größerer Genauigkeit willen, gewissen Tatsachen in der Natur neue Etiketten gegeben.

Wenn wir mit physischem Blick den Körper eines neu geborenen Kindes untersuchen, so finden wir diesen nicht nur durchdrungen von astraler Materie jeden Grades der Dichtigkeit, sondern auch von den verschiedenen Graden des Äthers, und wenn wir uns die Mühe nehmen, die Linie der Entwicklung dieser inneren Körper bis zu ihrem Ursprung zurück zu verfolgen, dann finden wir, dass der letztere, der Ätherkörper, – die Form, in die der physische Körper sich hineinbaut, – von den

Dienern oder Agenten der Herren des Karma gestaltet wird, während das durch die Astralebene herabsteigende Ego sich selbst seinen Astralkörper, natürlich nicht bewusst, sondern automatisch, aus deren Materie baut. Vergl. Manual IV p. 44. Karma von A. Besant. (Deutsche Übersetzung). Der Ätherkörper ist aus allen verschiedenen Graden oder Arten des Äthers zusammengesetzt; ihr Verhältnis untereinander ist jedoch sehr verschieden und wird durch verschiedene Faktoren bestimmt, z. B. durch die Rasse, die Unterrasse, den Typus des Menschen, wie auch durch sein individuelles Karma.

Wenn man bedenkt, dass diese vier Abteilungen der Materie aus zahlreichen Verbindungen bestehen, die ihrerseits wieder Gruppen bilden, die zu den *Atomen* der sogenannten chemischen *Elemente* zusammentreten, dann wird man erkennen, dass dieses zweite *Prinzip* des Menschen sehr kompliziert und die Unzahl seiner möglichen Variationen praktisch unendlich groß ist; infolgedessen können die Wesen, denen es zukommt, so kompliziert und ungewöhnlich auch eines Menschen Karma sein mag, doch ein Modell wählen, nach welchem ein genau für ihn passender Körper sich gestalten lässt.

Für weiteres Studium dieses umfassenden Gegenstandes muss ich auf das eben erwähnte Handbuch verweisen.

Wenn man von der Astralsphäre aus auf physische Materie blickt, so kommt noch ein anderer Punkt in Betracht: wenn das höhere Schauen voll entwickelt ist, dann hat es die Fähigkeit, das Bild der winzigsten Partikelchen in jedem gewünschten Maße zu vergrößern, gerade wie mit einem Mikroskop; nur ist die Möglichkeit der Vergrößerung unendlich viel stärker, als die eines Mikroskops, das je hergestellt worden ist, oder wohl je hergestellt werden wird. Die hypothetischen *Moleküle* und *Atome* der Wissenschaft sind für den okkulten Forscher sichtbare, wirkliche Dinge, und er erkennt, dass sie von viel komplizierterer Natur sind, als der Mann der Wissenschaft bis jetzt entdeckt hat. Hier bietet sich wiederum ein weites Feld des Studiums von hinreißendem Interesse, dem man sehr leicht einen ganzen Band widmen könnte. Wenn ein wissenschaftlicher Forscher dies astrale Schauen in ganzer Vollkommenheit erwürbe, dann würden nicht nur seine Experimente mit den gewöhnlichen bekannten Phänomenen unendlich erleichtert, – er würde auch vollständig neue Gebiete der Erkenntnis sich vor ihm ausbreiten sehen, zu deren Durchforschung eine ganze Lebenszeit nicht ausreichen würde.

Durch die Entwicklung dieses Schauens würde er z. B. mit etwas sehr Merkwürdigem, Schönem und Neuem bekannt werden, nämlich mit Farben, die anders und ganz verschieden von denen des gewöhnlichen Spektrums sind und über diese Palette hinausgehen; die ultraroten und ultravioletten Strahlen, die die Wissenschaft auf anderem Wege entdeckt hat, sind dem astralen Schauen vollständig wahrnehmbar.

Wir dürfen uns jedoch nicht gestatten, diesen faszinierenden Nebenwegen weiter zu folgen, sondern müssen zu unserem Versuch zurückkehren, zu schildern, wie es auf der Astralebene ungefähr aussieht.

Obgleich die gewöhnlichen Dinge der physischen Welt, wie schon bemerkt, den Hintergrund für das Leben auf gewissen Stufen der Astralebene bilden, so wird es inzwischen doch klar geworden sein, dass so viel mehr von ihrer wirklichen Erscheinung und ihren charakteristischen Eigentümlichkeiten zu sehen ist, dass ihr allgemeiner Eindruck weit von dem uns gewohnten abweicht.

Um sich dies klar zu machen, nehmen Sie als Beispiel einen ganz einfachen Gegenstand, einen Felsen. Mit geschultem Blick betrachtet, ist er nicht mehr eine tote Masse von Stein. In erster Linie ist die ganze physische Masse des Felsens zu sehen, anstatt eines nur kleinen Teiles; sodann sind die Schwingungen seiner physischen Partikel wahrnehmbar; drittens sieht man, dass er ein astrales Gegenstück besitzt, das aus verschiedenen Graden astraler Materie besteht und dessen Partikelchen ebenfalls in fortwährender Bewegung sind; viertens kann man das universelle Leben in ihm kreisen und wieder ausstrahlen sehen; fünftens erblickt man die Aura, die ihn umgibt, wenn diese sich auch natürlicherweise nicht so weit ausdehnt, wie im Fall der höheren Reiche; sechstens sieht man, wie die ihm eigene Elementar-Essenz ihn durchdringt, immer tätig ist und sich immer verändert. Im Falle des pflanzen-, Tier- und Menschenreichs ist natürlich dies Bild ein noch viel komplizierteres.

Manche Leser werden hier vielleicht dagegen einwenden, dass von den meisten psychisch Veranlagten, die gelegentlich Blicke in die astrale Welt tun können, das Geschaute lange nicht so kompliziert beschrieben wird; auch in den *Sitzungen* werde von den Wesen, die sich dort manifestieren, solche Kompliziertheit nicht berichtet. Aber das ist leicht zu verstehen. Wenige ungeschulte Personen, ob lebend oder schon gestorben, sehen ohne sehr lange Erfahrung die Dinge, wie sie wirklich sind; selbst die, welche vollständig schauen können, sind oft zu sehr geblendet und verwirrt, um alles zu Verstehen und im Gedächtnis zu behalten; und unter den Wenigen, die beides können – sehen und erinnern —, ist kaum Einer, der das Erinnerte in die Sprache unsrer niederen Ebene übersetzen kann. Viele ungeschulte psychisch Begabte untersuchen überhaupt niemals ihre Visionen wissenschaftlich; sie empfangen einfach einen Eindruck, der ganz genau und richtig sein kann, vielleicht aber auch falsch oder selbst ganz irreführend ist.

Die letzte Möglichkeit wird um so wahrscheinlicher, wenn wir die häufigen Streiche in Betracht ziehen, die die Bewohner der anderen Welt sozusagen als Sport betreiben, und gegen welche der Ungeschulte sich absolut nicht zu schützen weiß. Sodann muss man im Auge behalten, dass den gewöhnlichen Bewohnern der Astralebene, den Menschen oder den Elementarwesen, der Regel nach nur die Dinge jener Ebene bewusst sind; die physische Materie ist ihnen ebenso vollständig unsichtbar, wie die Astralmaterie der Mehrzahl der Menschen.

Da, wie bemerkt, jeder physische Körper sein astrales Gegenstück besitzt, das ihnen sichtbar sein würde, so mag man vielleicht denken, dass dieser Unterschied ein nichtssagender ist; aber er ist doch wesentlich für die richtige, gleichsam symmetrische Auffassung des Gegenstandes.

Wenn jedoch ein Astralwesen beständig durch ein Medium wirkt, so können die feineren Astralfinne allmählich sich so vergröbern, dass sie für die höheren Grade der Materie ihrer eigenen Ebene unempfindlich werden und anstatt dessen die physische Welt in ihren Sehkreis aufnehmen; aber nur der geschulte lebende Erforscher jener Welt, der auf beiden Ebenen voll bewusst ist, kann sich darauf verlassen, beide klar und sicher zu beherrschen. Die Sache ist also wirklich sehr kompliziert und nur, wenn sie völlig durchschaut und wissenschaftlich entwirrt wird, ist man gegen Betrug oder Irrtum vollständig sicher.

Für die siebente, die niedrigste Abteilung der Astralsphäre bildet unsere physische Welt ebenfalls sozusagen den Hintergrund, obgleich das, was man sieht, nur ein verzerrtes und beschränktes Bild von ihr ist, denn alles Freundliche, Gute und Schöne scheint dem Blick entzogen. Schon vor viertausend Jahren hat der Schriftsteller Ani dies in einem ägyptischen Papyrus ebenso beschrieben: »Was für eine Gegend ist es denn, in die ich gelangt bin?

Sie hat kein Wasser, sie hat keine Luft, sie ist tief, unergründlich, sie ist schwarz wie die schwärzeste Nacht und die Menschen irren hilflos in ihr umher; in ihr kann ein Mensch nicht mit Ruhe im Herzen leben.« Für das unglückliche Menschenwesen auf dieser Stufe ist es tatsächlich wahr, dass *die ganze Erde voll Finsternis und ein grauenhafter Aufenthalt* ist; aber es ist eine Finsternis, die aus seinem Inneren stammt, und die es veranlasst, dass er sein Dasein in einer ewigen Nacht des Bösen und des Schreckens zuzubringen hat – eine sehr reale Hölle, wenn auch, wie alle Höllen, vollständig des Menschen eigene Schöpfung.

Die meisten Forscher empfinden die Untersuchung dieser Abteilung als ein außerordentlich unerfreuliches Unternehmen, denn man empfindet dort die umgebende Materie als so dicht und grob und für den befreiten Astralkörper so entsetzlich, dass man meint, ihn durch eine Art schwarzer, zäher Flüssigkeit durchdrängen zu müssen, während die Bewohner und die Einflüsse, die einem dort entgegentreten, gewöhnlich ebenfalls höchst unerwünscht sind. –

Die erste, zweite und dritte Abteilung machen den Eindruck, als wären sie weit von der physischen Welt entfernt, da sie weniger materiell erscheinen, und doch befinden sie sich in demselben Raum. Die Wesen, die hier wohnen, verlieren die Erde, und was dazugehört, aus den Augen, sie sind meistens ganz mit ihren eigenen Gedanken beschäftigt und schaffen sich größtenteils ihre Umgebung selbst, wenngleich diese objektiv genug ist, um von anderen Wesen, wie auch mit hellsehendem Blick, wahrgenommen werden zu können.

Diese Region ist ohne Zweifel das *Sommerland,* von dem wir in spiritistischen Sitzungen so viel hören, und die, welche von dort kommen und die Zustände beschreiben, berichten ohne Zweifel die Wahrheit, so weit ihre Kenntnis reicht. Hier ist es, wo die *Geister* ihren Häusern, Schulen und Städten zu einem vorübergehenden Dasein verhelfen, und diese Dinge sind zurzeit oft real genug, wenn sie auch für den klareren Blick manchmal bedauernswürdig wenig dem gleichen, wofür die entzückten Schöpfer sie halten. Aber trotzdem, – viele Fantasiebilder, die dort Gestalt annehmen, sind von wahrhafter, wenn auch nur zeitweiser Schönheit und ein Besucher, der nichts Höheres kennt, mag, befriedigt genug zwischen ihren Wäldern und Bergen, zwischen lieblichen Seen und wundervollen Blumengärten einherwandeln, die jedenfalls alles derartige auf der physischen Welt weit übertreffen; auch kann er sich solche Umgebungen selbst schaffen, die dann seiner eigenen Fantasie entsprechen.

Die speziellen Verschiedenheiten auf diesen drei Unterebenen werden sich wohl besser klar machen lassen, wenn wir zu der Beschreibung ihrer menschlichen Bewohner kommen.

Eine Beschreibung der Szenerie der Astralebene würde ohne Erwähnung der oft, wenn auch unrichtigerweise, sogenannten Astralbilder (astral records) unvollständig sein. Diese Chronik in Bildern, eine Art Materialisation des göttlichen Gedächtnisses – eine lebende fotografische Darstellung von allen je geschehenen Vorgängen – ist wirklich und dauernd einer viel höheren Sphäre eingeprägt und wird in einer mehr oder weniger verzerrten Weise auf die Astralebene zurückgespiegelt; reicht nun bei jemandem die Fähigkeit des Schauens nicht über diese Ebene hinaus, dann wird er, statt eines zusammenhängenden Berichtes der Vergangenheit, nur gelegentliche und unzusammenhängende Bilder erhaschen. Aber trotzdem werden Bilder aller Arten früherer Vorgänge fortwährend in die Astralwelt reflektiert, und diese bilden einen wichtigen Teil der Umgebung für den Forscher. Der Raum erlaubt mir nicht mehr, als sie hier nur kurz zu erwähnen; ein vollständigerer Bericht über sie ist im siebenten Kapitel meiner kleinen Schrift *Clairvoyance* (Hellsehen)* zu finden.

---

*) Theos. Publ. Society London W. 3 Laugham Place. Eine deutsche Übersetzung findet sich im Monatsblatt »Der Vahan« III. 1. beginnend.

Die Bewohner

Nachdem wir, wenn auch nur flüchtig, den Hintergrund unsres Gemäldes skizziert haben, müssen wir nun versuchen, die Figuren hineinzuzeichnen – die Bewohner der Astralsphäre. Die Unermessliche Verschiedenheit dieser Wesen macht es außerordentlich schwierig, sie zu ordnen und in ein System zu bringen. Vielleicht wird es am geeignetsten sein, sie in drei große Klassen zu teilen, – in die der menschlichen, der nicht-menschlichen und der künstlichen Wesen.

I. Die menschlichen Wesen

Die menschlichen Bürger der Astralwelt zerfallen naturgemäß in zwei Abteilungen, in die lebenden und die toten, oder um richtiger zu sprechen, in die, welche noch einen physischen Körper haben, und die, welche keinen haben.

I. Die Lebenden

Die Menschen, die während ihres physischen Lebens auf der Astralebene wirken, können weiter in 4 Gruppen geteilt werden.

1) Die Adepten und ihre Schüler. Die zu dieser Gruppe Gehörigen benutzen gewöhnlich gar nicht den Astralkörper als ihr Vehikel, sondern den Mentalkörper, der aus der Materie der vier unteren oder der Rupa-Stufen der nächst höheren Ebene besteht. Der Vorteil dieses Vehikels besteht darin, dass er den sofortigen Übergang von der Mental-Ebene zur astralen und wieder zurück gestattet, und jederzeit die höhere Fähigkeit und die schärferen Sinne seiner eigenen Ebene zur Verfügung stellt.

Der Mentalkörper ist natürlich dem astralen Blick überhaupt nicht sichtbar, und infolgedessen hat der Schüler, der in ihm wirkt, zu lernen, einen zeitweiligen Schleier aus dieser Materie um sich zu ziehen, wenn er im Lauf seiner Arbeit wünscht, sich den Bewohnern dieser niedrigeren Ebene zu dem Zweck bemerkbar zu machen, um ihnen wirkungsvoller zu helfen. Beim ersten Mal wird dieser zeitweilige Körper dem Schüler vom Meister bereitet, und dieser belehrt ihn und hilft ihm, bis er sich selbst die Hülle leicht und schnell herstellen kann. Obgleich solch ein Vehikel eine genaue Reproduktion des Menschen, seinem Äußeren nach, ist, enthält es doch nichts von der Materie seines eigenen Astralkörpers, sondern entspricht ihm in derselben Weise, wie eine Materialisation einem physischen Körper.

Auf einer früheren Stufe seiner Entwicklung befindet sich der Schüler bei seinem Wirken in seinem Astralkörper, gerade wie jeder Andere; aber welches Vehikel er auch benutzt, wenn ein Mensch unter der Leitung eines dazu befähigten Lehrers in die Astralsphäre eingeführt wird, dann besitzt er dort stets das vollste Bewusstsein, und ist imstande, leicht auf allen ihren Unterebenen sich zu betätigen. Er ist tatsächlich genau derselbe, wie ihn seine Freunde auf Erden kennen, minus der vier niederen Prinzipien in dem einen Fall und der drei niederen im anderen und plus den diesen höheren Zuständen entsprechenden Kräften und Fähigkeiten, die es ihm während des Schlafes ermöglichen, viel leichter und weit wirkungsvoller auf dieser Ebene die theosophischen Aufgaben auszuführen, mit denen er sich in den Stunden des Wachens so viel in Gedanken beschäftigt. Ob er sich vollständig und genau auf der physischen Ebene dessen erinnert, was er auf der anderen getan oder gelernt hat, hängt hauptsächlich davon ab, ob er imstande ist, sein Bewusstsein ohne Unterbrechung von dem einen Zustand auf den anderen zu übertragen.

2) Die Psychisch-Entwickelten, die nicht unter der Leitung eines Meisters stehen. Solche können spirituell entwickelt sein oder auch nicht, denn die zwei Arten des Fortschritts fallen nicht immer zusammen. Wenn ein Mensch mit psychischen Kräften geboren wird, so ist dies einfach das Ergebnis der Anstrengungen, die er während einer früheren Verkörperung gemacht hat; Anstrengungen, die vielleicht einen edlen und sehr selbstlosen Charakter hatten, oder aber töricht und irregeleitet, ja selbst vollständig unwürdig waren.

Solcher Mensch ist außerhalb des Körpers meistens vollkommen bewusst, aber sehr der Täuschung über das, was er sieht, unterworfen, da er keine Extra-Schulung durchgemacht hat; fast genau so leicht, wie die aus Gruppe I, kann er durch alle Unterebenen streifen, aber häufig zieht es ihn zu einer besonderen hin und er kommt dann selten aus dem Bereich der Einflüsse dieser einen heraus.

Die Art seiner Erinnerung von dem, was er gesehen hat, variiert dann genau dem Grade der erreichten Entwicklung entsprechend, – von äußerster Verzerrung oder vollständigen Vergessen bis zur vollkommenen Klarheit. Er erscheint übrigens stets in seinem Astralkörper, da er es nicht versteht, im Mentalvehikel zu funktionieren.

3) Die gewöhnlichen Menschen, d. h. die Menschen ohne irgendwelche psychische Entwicklung; – diese treiben während des Schlafes in ihrem Astralkörper in mehr oder weniger unbewussten Zustand umher. Im tiefen Schlaf treten fast ohne Ausnahme die höheren Grundteile (oder *Prinzipien*) in ihrem Astral-Vehikel aus dem physischen Körper aus und bleiben in seiner unmittelbaren Nähe schweben; sie sind bei vollständig Unentwickelten fast ebenso im Schlaf versunken, wie der physisch Körper selbst.

In manchen Fällen ist jedoch das Astralvehikel weniger schläfrig und wird dann durch die verschiedenen Astral-Ströme dahingetrieben; es trifft dann andere Leute in ähnlichem Zustand und macht alle Art Erfahrungen, erfreuliche und unerfreuliche; die Erinnerung an diese verwirrt sich dann leicht hoffnungslos; oft verzerrt sie sich zu einer grotesken Karikatur der Wirklichkeit und der Mensch glaubt dann am nächsten Morgen, er habe einen wunderbar bedeutenden Traum gehabt.

Alle gebildeten Menschen, die zu den höheren Rassen der Welt gehören, haben ihre Astralsinne schon recht weit entwickelt; wenn sie genügend aufgeweckt wären, um die Wirklichkeit, die sie während des Schlafes umgibt, zu untersuchen, dann würden sie fähig sein, sie gut zu beobachten und viel von ihr zu lernen. Aber in den meisten Fällen sind sie nicht so wach, und sie verbringen deshalb ihre Nächte meistens in Gedanken versunken und brüten über den Ideen, die beim Einschlafen sie zufällig zuletzt beschäftigt haben. Sie haben die astralen Fähigkeiten, aber sie benutzen sie kaum; sie besitzen das Bewusstsein der Astralebene vollständig, aber sie sind sich trotzdem dieser Ebene nicht im Mindesten bewusst, und haben deshalb von ihrer Umgebung nur eine sehr unbestimmte Ahnung, wenn überhaupt eine. Wenn solch' ein Mensch in die Schulung eines Meisters der Weisheit tritt, dann wird er gewöhnlich sofort aus seinem Schlafzustand gerüttelt, sodass er den wirklichen Dingen, die ihn auf dieser Ebene umgeben, wach gegenübersteht; er ist jetzt in der Tage, von ihnen zu lernen und unter ihnen zu wirken, sodass seine Stunden des Schlafes nun nicht länger mehr nutzlos verbracht werden, sondern mit tätiger und nützlicher Beschäftigung ausgefüllt sind, ohne irgendwie die nötige Ruhe des ermüdeten physischen Körpers zu beeinträchtigen. (Siehe „Unsere unsichtbaren Helfer" Kap. V.)

Diese ausgetretenen Astralkörper sind bei den tiefer stehenden Rassen und Individuen beinah formlos und sehr unbestimmt in ihren Umrissen; wenn aber der Mensch sich intellektuell und spirituell entwickelt, dann ist sein schwebender Astralleib schärfer und bestimmter und ähnelt mehr seiner physischen Hülle.

Häufig hört man fragen: wenn der unentwickelte Astralkörper so unbestimmt umrissen ist und die meisten Menschen noch zu den Unentwickelten gehören, – wie ist es dann möglich, den gewöhnlichen Menschen überhaupt in seinem Astralkörper zu erkennen? Wenn wir uns über diese Frage klar werden wollen, dann müssen wir versuchen, uns vorzustellen, dass für das Auge des Hellsehenden der physische Körper des Menschen von der sogenannten Aura umgeben ist, einem leuchtenden Nebel, der der Form nach oval ist und etwa ½ Meter über den Körper nach allen Richtungen hinausragt. Alle Forscher stimmen darin überein, dass diese Aura ein außerordentlich zusammengesetztes Gebilde ist und Materie aus all' den verschiedenen Vehikeln enthält, die der Mensch auf seiner jetzigen Stufe besitzt; für den Augenblick jedoch wollen wir sie uns Vorstellen, wie sie jemandem erscheint, der kein höheres Schauen hat, als das astrale.

Für solch einen Betrachter würde die Aura natürlich nur Astralmaterie enthalten und nur einen verhältnismäßig einfachen Gegenstand des Studiums bilden. Er würde jedoch bemerken, dass diese Astralmaterie nicht nur den physischen Körper umgibt, sondern ihn auch durchdringt, und dass sie innerhalb der Umrisse des Körpers viel dichter gruppiert ist, als außerhalb. Möglicherweise ist dies die Folge davon, dass ein großer Teil grober Astralmaterie, die das Gegenstück zu den Zellen des physischen Körpers bilden, sich dort zusammenzieht; aber wie dem auch sei, Tatsache ist, dass die Materie des Astralkörpers, die sich innerhalb der Grenzen des physischen Körpers befindet, viele Male dichter ist, als außerhalb.

Wenn der Astralkörper sich während des Schlafes vom physischen zurückzieht, bleibt diese Anordnung bestehen und jeder Hellsehende, der solch einen Astralkörper erblickt, sieht gerade wie vorher eine dem physischen Körper ähnliche Form, die von einer Aura umgeben ist. Diese Form besteht jetzt nur aus Astralmaterie; aber die noch bestehende Verschiedenheit ihrer Dichtigkeit von der des unigebenden Nebels ist vollständig genügend, um sie deutlich zu erkennen, obgleich diese Form selbst nur aus dichterem Nebel besteht.

Nun der Unterschied in der Erscheinung eines entwickelten und eines unentwickelten Menschen! Selbst beim letzteren sind die Züge und die Gestalt der inneren Form, wenn sie auch verwischt und unbestimmt sind, immer noch zu erkennen; aber die umgebende Eiform kann noch kaum als bestimmte Form bezeichnet werden, denn es ist tatsächlich nur eine gestaltlose Nebel-Wolke, mit unregelmäßigen und schwankenden Umrissen.

Beim entwickelten Menschen tritt sowohl in der Aura, wie in dem inneren Kern eine bemerkenswerte Änderung ein Letzterer ist viel bestimmter und sondert sich mehr ab; – er ist ein genaueres Abbild der physischen Erscheinung des Menschen; während wir statt des wogenden Nebelgebildes eine scharf umrissene eiförmige Form sehen, die ihre Gestalt beibehält, trotz aller auf sie einwirkenden verschiedenartigen Strömungen, die auf der Astralebene sie fortwährend umwirbeln.

Da die psychischen Fähigkeiten der Menschheit sich im Zuge der Entwicklung befinden und Individuen aller Grade des Fortschrittes existieren, so sind von letzterer Gruppe in unmerkbarem Übergang zur ersteren alle Stufen vertreten.

4) Die schwarzen Magier und ihre Schüler. Diese Gruppe entspricht in gewisser Weise der ersten, nur dass die Entwicklung zum Bösen anstatt zum Guten stattgefunden hat, und die erworbenen Kräfte zu rein selbstischen Zwecken benutzt werden, anstatt zum Wohl der Menschen. Unter den Magiern niederen Ranges gibt es Neger, die den schrecklichen Ritus der Obeah- oder Voodoo-Schule ausüben, und die Medizin-Männer vieler wilden Stämme; intellektuell höher, und deshalb um so mehr zu tadeln, sind die tibetanischen schwarzen Magier, die oft, aber nicht ganz zutreffend, von den Europäern Dugpas genannt werden, eine Bezeichnung, die, wie der Surgeon–Major Waddel in seinem Buch über den Buddhismus in Tibet (The Buddhism of Tiber) ganz richtig bemerkt, eigentlich nur der bhotanesischen Abteilung, der großen Kargyu-Sekte, zukommt, die einen Teil der, wie wir sie nennen können, halbreformierten Schule des tibetanischen Buddhismus bildet.

Die Dugpas geben sich ohne Zweifel recht viel mit der tantrischen Magie ab, aber die wirklichen Rothhüte, die ganz unreformierte Sekte ist die Nin-ma-pa, wenn gleich die Bön-pa noch viel tiefer als diese stehen — die Anhänger der Religion der Urbewohner, die überhaupt nie irgendeine Form des Buddhismus angenommen haben. Man muss jedoch nicht glauben, dass alle tibetanischen Sekten außer den Gelügpa notwendigerweise vollständig schlechte Grundsätze hätten; es wird vielmehr so sein: da die Regeln dieser Sekte sehr viel schlaffer in Betreff der Lebensführung sind, wird das Verhältnis der Selbstsüchtigen unter ihnen naturgemäß größer sein, als unter den strengeren Reformern. –

2. Die Toten

Um dies gleich vorauszuschicken, das gewöhnlich gebrauchte Wort *Tote* ist natürlich eine ganz sinnlose, unrichtige Bezeichnung, da die meisten Wesen, die unter diese Überschrift fallen, ebenso volles Leben besitzen, wie wir sebst – oft entschieden ein noch volleres; wir verstehen unter diesem Ausdruck einfach die, welche zurzeit nicht an einen physischen Körper gefesselt sind.

Sie können ihrem Wesen nach in neun Klassen geteilt werden:

1) Die Nirmanakayas.* Diese Klasse erwähne ich nur der Vollständigkeit wegen; denn ein so hoch erhabenes Wesen betätigt sich sehr, sehr selten auf einer so niedrigen Ebene, wie diese. Wenn er in Verfolgung seines erhabenen Wirkens dies für

---

*) Hohe Meister, die Verzicht auf Nirvana geleistet haben, um der Menschheit, der sie entwachsen sind, ferner helfen zu können. Der Übersetzer.

wünschenswert hält, schafft er sich hierzu wahrscheinlich einen zeitweiligen Astralkörper aus der Atom-Materie dieser Ebene, gerade wie der Adept im Mentalkörper es tut, einfach weil seine feinere, zartere Hülle dem astralen Blick unsichtbar sein würde.

Um ohne einen Augenblick zu verlieren, auf jeder Ebene funktionieren zu können, behält er stets einige Atome von jeder Ebene bei sich oder in sich, die er dann als Kern, als Keim benutzt, indem er um diesen sofort weitere Materie der betreffenden Art zusammenzieht; er verschafft sich so jedes Vehikel, dessen er bedarf. Weitere Auskunft über die Stellung und die Aufgaben des Nirvanakayas findet sich in Frau Blavatskys „Stimme der Stille" und in meinem kleinen Buch „Unsere unsichtbaren Helfer".

2) Die Schüler, die auf die Wiederverkörperung warten. Es ist oft in der theosophischen Literatur darauf hingewiesen, dass der Schüler eines Meisters, der eine gewisse Stufe erreicht hat, mit dessen Hilfe imstande ist, sich dem Gesetz zu entziehen, das für gewöhnlich den Menschen nach dem Tod zur Himmelswelt führt, um dort das volle Auswirken aller der spirituellen Kräfte zu ernten, welche sein hohes Streben auf Erden ins Leben gerufen hat.

Da ein solcher Schüler ein sehr reines Leben, voll hoher Gedanken, geführt haben muss, so werden seine spirituellen Kräfte wahrscheinlich von ungewöhnlicher Stärke sein, und wenn er *sein Devachan nimmt*, um diesen technischen Ausdruck zu gebrauchen, so wird dies wohl von außerordentlich langer Dauer sein; wenn er aber anstatt dessen den Pfad der Verzichtleistung wählt (und so, wenn auch auf seiner niedrigen Stufe und auf seine bescheidene Weise, den Fußstapfen des großen Meisters der Verzichtleistung, Gautama Buddha, folgt), dann ist er imstande, diese Kraftreserve in ganz anderer Richtung zu verwenden, – sie zum Wohl der Menschheit zu benutzen und so, wie unendlich klein auch sein Opfer sein mag, in geringem Maße an dem großen Werk der Nirmanakayas teilzunehmen.

Wenn er diesen Weg einschlägt, dann opfert er zweifellos Jahrhunderte höchster Seligkeit; aber anderseits hat er den außerordentlichen Vorteil, dass er sein Leben der Arbeit und des Aufstiegs ohne Unterbrechung fortsetzen kann.

Wenn ein Schüler, der sich hierzu entschlossen hat, stirbt, dann verlässt er einfach seinen Körper, wie er es vorher schon oft getan hat und wartet auf der Astralebene, bis sein Meister eine passende Wiederverkörperung für ihn vorbereitet hat. Da dies eine ganz besondere Abweichung von dem gewöhnlichen Lauf der Dinge einschließt, ist die Zustimmung einer sehr hohen Autorität nötig, vor dem der Versuch gemacht werden kann; und selbst bei einem solchen Einverständnis ist die Kraft des natürlichen Gesetzes so stark, dass, wie es heißt, der Jünger sorgfältig darauf achten muss, sich während dieser Vorbereitung strenge auf der Astralsphäre zu halten; denn wenn er auch nur für einen Augenblick die Devachansphäre berührt, kann er durch einen unwiderstehlichen Strom wieder in den gewöhnlichen Tauf der Entwicklung hineingerissen werden.

In manchen Fällen kann er die Mühe einer neuen Geburt sparen und sofort den Körper eines Erwachsenen einnehmen, dessen früherer Besitzer ihn nicht mehr braucht; aber es ist natürlich nur selten, dass ein passender Körper bereit ist. Viel häufiger ist es, dass er, wie erwähnt, auf der Astralebene zu warten hat, bis die Gelegenheit einer passenden Geburt sich darbietet. Während dessen verliert er jedoch keine Zeit, denn er ist ebenso vollständig er selbst, wie immer, und er ist imstande, seine ihm vom Meister gegebene Aufgabe weiter auszuführen, ja noch leichter und wirkungsvoller als im physischen Körper, denn das Hindernis der Ermüdung ist hier nicht mehr möglich. Sein Bewusstsein ist selbstverständlich vollständig und klar und er kann sich auf allen Abteilungen der Astralsphäre mit gleicher Leichtigkeit bewegen. Ein Jünger, der seine Wiederverkörperung abwartet, ist keineswegs eine gewöhnliche Erscheinung auf der Astralebene; immerhin sind solche dort anzutreffen und sie bilden daher eine unsrer Klassen. Wenn die Entwicklung der Menschheit weiter vorrückt, und ein immer wachsender Teil den *Pfad der Heiligkeit* einschlägt, wird diese Klasse immer zahlreicher werden.

3) Die gewöhnlichen Menschen nach dem Tode. Es ist unnötig zu bemerken, dass diese Klasse millionen Mal größer ist, als die oben besprochenen; und dass der Charakter und die Zustände der Mitglieder dieser Gruppe außerordentlich weit voneinander abweichen. Ungefähr ebenso verschieden ist die Länge ihres Aufenthalts in der Astralsphäre; denn während einige nur wenige Tage oder Stunden dort verweilen, bleiben andere manches Jahr, ja selbst Jahrhunderte auf dieser Stufe.

Ein Mensch, der ein gutes und reines Leben geführt hat, dessen Hauptstreben und -sinnen selbstlos, spirituell war, wird von dieser Ebene nicht angezogen und wird, wenn es ganz auf ihn selbst ankommt, wenig dort finden, was ihn festhält, oder was ihn, für die verhältnismäßig kurze Zeit seines Aufenthaltes hier, zur Tätigkeit erweckt. Denn man muss sich klar machen, dass der eigentliche Mensch sich in sich selbst zurückzieht, und gerade so, wie er beim ersten Akt dieses Vorganges seinen physischen Körper abwirft und fast sofort darauf seinen ätherischen, so sollte er eigentlich so bald wie möglich den Astral- oder Begierdenkörper ablegen und in die Himmelswelt übergehen, wo allein sein spirituelles Streben seine vollkommene Befriedigung und seinen Lohn findet. Wer edel und reinen Herzens ist, der kann dies vollführen, denn er hat alle irdischen Leidenschaften überwunden und die Energie seines Willens in höhere Kanäle geleitet; es ist daher nur wenig Energie in den niedrigen Begierden geblieben, die sich auf der Astralebene noch auswirken müssen. Infolgedessen wird sein Aufenthalt dort sehr kurz sein; und wahrscheinlich hat er nur ein träumerisches Halb-Bewusstsein von seinem Dortsein, bis er in den Schlaf versinkt, in welchem seine höheren Grundteile sich endgültig von der astralen Hülle befreien und er zum seligen Leben der Himmelswelt erwacht.

Für diejenigen, die noch nicht den Pfad der okkulten Entwicklung betreten haben, ist der eben beschriebene Vorgang der idealste Fall, aber trifft natürlich nicht bei allen, oder auch nur bei der Mehrzahl zu.

Der Durchschnitts-Mensch hat sich keineswegs vor dem Tod von allen niedrigen Begierden befreit, und es bedarf eines langen Lebens bei mehr oder weniger vollem Bewusstsein auf den verschiedenen Abteilungen der Astralebene, damit die Energie, die er in sich groß gezogen, sich auswirken kann, und das höhere Ego dann frei wird. Jeder hat nach dem Tod all die Abteilungen der Astralebene auf seinem Weg zur Himmelswelt durchlaufen, womit aber nicht gesagt sein soll, dass er auf allen bei Bewusstsein ist. Wie der physische Körper aus fester, flüssiger, gasförmiger und ätherischer Materie besteht, so auch der astrale aus allen astralen Stoffarten, wenn diese freilich in verschiedenen Fällen auch in sehr verschiedenem Verhältnis vertreten sind.

Ferner ist in Betracht zu ziehen, dass der Mensch zugleich mit der Materie seines Astralkörpers auch die entsprechende Elementaressenz aufnimmt, die von der großen Masse ähnlicher Materie sich während seines Lebens absondert, und die ihrem Wesen nach eine Art *künstliche Elementarform* genannt werden kann. Diese führt so lange ihr Leben für sich und folgt, ohne die Bedürfnisse oder Interessen des Egos, in welchem sie lebt, zu berücksichtigen oder auch nur zu kennen, ihrer eigenen, abwärts zur Materie gehenden Entwicklung und verursacht dadurch jenen fortwährenden, in religiösen Schriften so oft beschriebenen Kampf zwischen dein Willen des Fleisches und des Geistes. Obwohl hier aber *ein Gesetz der Glieder im Kampfe liegt wider das Gesetz des Geistes* und obwohl der, welcher dem ersteren gehorcht, anstatt es zu beherrschen, seine Entwicklung ernstlich verzögert, so darf man dies Gesetz doch nicht an und für sich für böse halten, denn es ist und bleibt ein Gesetz, – eine ihren normalen Verlauf nehmende Ausströmung der Allmacht, wenn sie auch, statt nach aufwärts wie die unsrige, hinab in die Materie führt.

Verlässt der Mensch nach dem Tode die physische Ebene, so beginnen die Naturkräfte an seinem Astralkörper ihr Zersetzungswerk, und die Elementarform sieht ihr Sonderdasein bedroht; sie setzt sich daher zur Wehr und sucht den Astralkörper so lange wie möglich zusammenzuhalten; ihr Verfahren besteht darin, die Materie, aus der sie besteht, in schichtenartig sich umschließende Hüllen anzuordnen, von denen die der niedersten, gröbsten Unterebene angehörige nach außen liegt, da der Auflösung auf diese Weise der größte Widerstand entgegengesetzt wird.

Auf der niedrigsten Unterebene hat der Mensch solange zu verweilen, bis er so viel seines eigentlichen Selbsts wie möglich von der Materie dieser Unterebene befreit hat, worauf sein Bewusstsein in der nächsten, aus der Materie der sechsten Unterebene bestehenden konzentrischen Hülle tätig ist, oder, mit anderen Worten, er auf die nächste Unterebene übergeht. Man kann sagen, dass der Astralkörper, sobald sich seine Zuneigung zu einem Niveau erschöpft hat, die meisten diesem Niveau zugehörigen Teilchen abwirft, und er sich zu einem etwas höheren Daseinszustand hingezogen fühlt. Sein spezifisches Gewicht nimmt sozusagen beständig ab, er erhebt sich allmählich aus der dichteren zu der feineren Schicht und hält damit nur inne, wenn und solange ein genaues Gleichgewicht vorhanden ist. Hierin haben wir offenbar auch die Erklärung für eine von Abgeschiedenen in spiritistischen Sitzungen häufig gemachte Bemerkung, dass sie im Begriff sind, sich zu einer höheren Sphäre zu erheben, von wo aus sie unmöglich oder nur schwer durch ein Medium sich mitteilen können, und es ist tatsächlich richtig, dass jemand es auf der höchsten astralen Unterebene fast unmöglich findet, sich eines gewöhnlichen Mediums zu bedienen.

So zeigt sich denn, dass unser Aufenthalt auf irgendeinem Niveau der Astralebene genau der Menge der Materie dieses Niveaus, die sich in unserm Astralkörper befindet, entspricht, und diese Menge hängt wiederum von dem Leben ab, das wir gelebt haben, von den Begierden, denen wir nachgegeben; dadurch wird die Art der Materie bestimmt, die wir heranziehen und in uns hineinbauen. Es ist daher in unsre Hand gegeben, durch ein reines Leben und hohes Denken die Menge des den niederen Niveaus angehörigen Materials, das wir an uns ziehen, zu vermindern und dies auf seinen kritischen Punkt, d. h., dahin zu bringen, wo schon der erste Angriff der auflösenden Kraft seinen Zusammenhalt erschüttert, und es in seinen ursprünglichen Zustand zurückführt und uns so zur nächsten Unterebene die Bahn freimacht.

Bei einem Menschen von durch und durch spirituellem Charakter wird dieser Vorgang sich hinsichtlich aller Abteilungen der Astralmaterie sofort vollziehen, und er in Folge dessen tatsächlich diese ganze Ebene in einem Augenblick durchlaufen, sodass sich das Bewusstsein erst in der Himmelswelt wieder einstellt. Natürlich darf man sich die Unterebenen, wie schon bemerkt, niemals als räumlich getrennt vorstellen, sondern als sich einander durchdringend, sodass wir mit den Worten, jemand gehe von einer Unterebene zur anderen, höheren über, nicht etwa meinen, er bewege sich überhaupt räumlich fort, sondern nur, das Bewusstsein verschiebt seinen Brennpunkt von der äußeren Hülle nach der nächst inneren. Ein Erwachen auf dem niedersten Niveau der Astralebene findet in der Regel nur bei denen statt, deren Begierden grob und brutal waren, wie bei Trunkenbolden, sinnlichen Menschen, usw. Die Zeit ihres Verweilens dort richtet sich nach der Stärke ihrer Begierden und sie leiden dort oft schrecklich dadurch, dass einerseits diese Begierden noch immer so stark sind, wie je, und sie andererseits nun kein Mittel finden, sie zu befriedigen, außer gelegentlich in stellvertretender Weise, wenn es ihnen gelingt, sich eines gleichgesinnten Menschen zu bemächtigen, sodass sich bei diesem dann eine Art Besessenheit einstellt.

Den gewöhnlichen, redlichen Menschen wird voraussichtlich wenig auf jener siebenten Unterebene fesseln; wenn seine Wünsche und Gedanken aber hauptsächlich auf weltliche Dinge gerichtet waren, so wird er sich auch noch auf der sechsten Unterebene an den Orten und bei den Leuten aufhalten, mit denen er auf Erden am engsten verbunden war. Die fünfte und vierte Unterebene ist von ähnlicher Art, nur dass hier die irdischen Beziehungen immer mehr an Bedeutung verlieren und der Abgeschiedene darnach trachtet, seine Umgebung möglichst seinen Lieblings-Gedanken gemäß zu gestalten.

Kommen wir dann in die dritte Unterebene, so zeigt sich, dass die eben erwähnte Eigentümlichkeit die Bewohner vollständig hindert, die Wirklichkeit der Ebene noch zu sehen, denn hier leben sie in Städten ihrer eigenen Fantasie; – natürlich nicht so, als hätte jeder seine Umgebung, wie in der Himmelswelt, ganz durch seine eigenen Gedanken gebildet, sondern er hat die von feinen Vorgängern in Gedanken errichteten Gebäude übernommen und weiter ausgestaltet.

Hier befinden sich die in spiritistischen Sitzungen so oft beschriebenen Kirchen und Schulen und *Wohnungen im Sommerland*. Dem vorurteilslosen lebenden Beobachter erscheinen diese freilich oft viel weniger reell und herrlich, als den entzückten Schöpfern selbst.

Die zweite Unterebene scheint speziell der Wohnort selbstsüchtiger und unspiritueller religiöser Menschen zu sein. Hier trägt ein jeder seine goldene Krone und betet das selbst geschaffene, grob materielle Abbild der besonderen Gottheit seines Landes und seiner Zeit an.

Die höchste Unterebene scheint sich in erster Linie für die zu eignen, die sich während ihres Lebens materialistischen, jedoch intellektuellen Forschungen hingegeben haben, und zwar nicht um den Mitmenschen zu dienen, sondern aus Ehrgeiz oder der Übung des Intellekts wegen.

Solche verbleiben dort oft lange Jahre hindurch und sind sehr zufrieden, ihre Probleme weiter verfolgen zu können, nützen aber damit niemandem und ihr Aufstieg zur Himmelswelt geht nur langsam von statten.

Es sei hier wiederholt betont, dass diese Unterebenen mit einer Raumvorstellung nichts zu tun haben.

Ein Abgeschiedener kann auf seiner Unterebene, auf der er funktioniert, mit gleicher Leichtigkeit nach Australien schweben oder wohin sonst ihn seine Gedanken ziehen mögen; aber es ist ihm nicht möglich, sein Bewusstsein auf die nächst höhere Unterebene zu übertragen, ehe nicht der beschriebene Vorgang der Abschüttelung vollzogen ist.

Und diese Regel erleidet unseres Wissens keine Ausnahme, wenn auch natürlich das auf irgendeiner Unterebene von uns bewusst ausgeübte Handeln unsere Verbindung mit ihr innerhalb gewisser Grenzen sowohl verkürzen, wie auch verlängern kann.

Der Grad des Bewusstseins aber auf einer beliebigen Unterebene unterliegt nicht demselben Gesetz.

Um dessen Walten in verschiedenen Fällen zu verstehen, wollen wir ein extremes Beispiel betrachten Gesetzt, jemand habe von seiner letzten Verkörperung her Neigungen mit herüber gebracht, die zu ihrer Manifestation sehr viel Materie der siebenten, der niedersten Unterebene benötigen; er wäre aber in seiner frühesten Jugend glücklicherweise belehrt worden, dass diese Neigungen beherrscht werden können und müssen. Seine dahin gehenden Anstrengungen werden schwerlich von einem vollständigen Erfolg gekrönt worden sein; aber wenn auch, die Verdrängung der gröberen Teilchen in feinem Astralkörper durch feinere kann wohl stetig aber nur langsam fortschreiten.

Dieser Vorgang wird günstigenfalls ein sehr allmählicher sein, und sehr leicht möglich ist es, dass er beim Tode des Betreffenden erst zur Hälfte verlaufen ist. In einem solchen Falle wäre in seinem Astralkörper noch genügend Materie der niedersten Unterebenen vorhanden, um ihn zu einem nicht gerade kurzen Aufenthalt daselbst zu nötigen.

Doch sein Bewusstsein hatte in dieser Materie während der jetzigen Verkörperung niemals funktioniert, und da es diese Gewohnheit nun nicht plötzlich erwerben kann, so würde der Betreffende auf dieser Unterebene zwar ebenfalls zu verweilen haben, bis sich sein Antheil an ihrer Materie aufgelöst hat, jedoch in bewusstlosem Zustand; d. h., er würde während seines ganzen Aufenthalts dort im Schlummer liegen und daher von den vielen Unannehmlichkeiten daselbst gänzlich unberührt bleiben.

Wer jedoch Okkultismus studiert hat, kann sein Astralleben ganz anders gestalten. Der gewöhnliche Mensch befindet sich beim Erwachen aus der Bewusstlosigkeit, die stets beim Tod einzutreten scheint, in einem eigenartigen Zustand, in den ihn seine *Elementarform der Begierden* durch die Umlagerung der Materie seines Astralkörpers versetzt hat. Er kann von außen nur durch die Art Materie Schwingungen empfangen, die die Elementarform an die Oberfläche gelagert hat, und infolgedessen ist sein Ausblick nur auf diese besondere Unterebene beschränkt. Der Mensch nimmt diese Beschränkung hin, als gehörte sie zu dem Zustand des neuen Lebens; ja, er ist sich dieser Beschränkung gar nicht bewusst und glaubt, dass das, was er da sieht, alles ist, was es zu sehen gibt, da er nichts von dieser Elementarform und seiner Einwirkung weiß. – Der Schüler der Theosophie jedoch durchschaut dies alles und weiß daher, dass diese Beschränkung durchaus nicht notwendig ist. In dieser Überzeugung kann er sich sofort dieser Einwirkung der Elementarform widersetzen und darauf bestehen, dass sein Astralkörper denselben Zustand beibehält, den er in seinem Erdenleben besaß; – das will sagen, dass alle Teile sich vermischen und in freier Bewegung sind.

Die Folge hiervon ist, dass er dann die Schwingungen der Materie von allen astralen Unterebenen gleichzeitig empfangen kann und die ganze Astralwelt seinem Blick geöffnet ist. Ihm ist es dann möglich, sich gerade so frei in ihr zu bewegen, wie seiner Zeit während des physischen Schlafes, und er kann jede Person auf der astralen Welt auffinden und mit ihr verkehren, einerlei an welche Unterebene diese für den Augenblick gefesselt ist.

Die Anstrengung, der Umlagerung zu widerstehen und den Astralkörper in den früheren Zustand zurück zu versetzen, ist ganz ähnlich wie die, welche man nötig hat, einer sehr starken Begierde im physischen Leben zu widerstreben. Die Elementarform ist in ihrer merkwürdigen, halbbewussten Weise erschreckt, und sie versucht, diese Furcht auf den Menschen zu übertragen, sodass dieser fortwährend fühlt, wie ihn die starke Empfindung einer unbeschreiblichen Gefahr beschleicht, der er nur entgehen kann, wenn er die Umlagerung gestattet. Wenn er jedoch diesem unverständigen Gefühl der Furcht standhaft widerstrebt, in ruhigem Festhalten an seinem eigenen Wissen, dass kein Grund zur Furcht vorhanden ist, so wird er mit der Zeit den Widerstand der Elementarform überwinden, gerade wie er die Gewalt der Begierden in seinem Erdenleben so häufig niedergekämpft hat. – So wird er zu einer lebendigen Kraft während seines Astrallebens und fähig, sein Werk, Anderen zu helfen, weiter zu führen, gerade wie er es während der Stunden des Schlafes zu tun pflegte.

Beiläufig bemerkt hängt der Verkehr auf der Astralebene, gerade so wie hier, von der Kenntnis der Wesen unter einander ab. Während ein Schüler, der seinen Mentalkörper zu benutzen versteht, seine Gedanken durch mentale Übertragung den dort weilenden menschlichen Wesen leichter und schneller als auf Erden mitteilen kann, sind die Bewohner dieser Ebene meistens nicht imstande, diese Fähigkeit auszuüben, scheinen vielmehr durch ähnliche Beschränkungen, wie auf Erden, gefesselt zu werden, wenn diese auch weniger strenge sein mögen. Daher kommt es, dass sie sich dort wie hier je nach gemeinsamen Neigungen, Ansichten und Sprachen in Gruppen zusammenfinden.

Die poetische Idee, dass der Tod alles gleichmacht, ist ein reiner Unsinn, der aus Unkenntnis der Tatsachen entstanden ist; denn in Wirklichkeit ändert in der bei Weitem größten Mehrzahl der Fälle das Ablegen des physischen Körpers nicht im geringsten den Charakter oder die Intelligenz des Menschen, und es gibt daher bei denen, die wir gewöhnlich die Toten nennen, ebenso viele Unterschiede in der Intelligenz, wie bei den Lebenden.

Die volkstümlichen religiösen Ansichten, die schon seit langer Zeit im Westen über die Zustände und Erlebnisse des Menschen nach dem Tode gelehrt werden, sind so auffallend unzutreffend, dass selbst intelligente Menschen oft schrecklich aufgeregt sind, wenn sie nach dem Tode in der Astral-Welt zum

Bewusstsein erwachen. Der Zustand, in dem der neue Ankömmling sich befindet, unterscheidet sich so von Grund aus von dem, welchen er nach der Lehre erwarten musste, dass häufig es ihm unmöglich ist, zu glauben, er habe überhaupt schon die Pforten des Todes durchschritten; ja, von so geringem praktischen Werth ist unser viel gerühmter Glaube an die Unsterblichkeit der Seele, dass die meisten Menschen gerade die Tatsache, dass sie ihrer selbst bewusst sind, als absoluten Beweis dafür betrachten, dass sie nicht gestorben sind.

Die schreckliche Lehre von einer ewigen Bestrafung ist ebenfalls ihrerseits dafür verantwortlich, dass Viele neue Ankömmlinge in dieser höheren Welt eine große, sehr bedauerliche und gänzlich grundlose Furcht empfinden. In vielen Fällen haben sie lange Zeit in Gedanken bitteres Leid zu erdulden, vordem sie sich von der verhängnisvollen Nachwirkung dieser abscheulichen gotteslästerlichen Lehre befreien können, bis sie aus Erfahrung lernen, dass die Welt nicht nach der Laune irgendeines Dämons regiert wird, der mitleidslos auf die Seelenangst der Menschen blickt, sondern nach einem wohlwollenden und wunderbar geduldigen Gesetz der Entwicklung. Viele Angehörige dieser jetzt behandelten Klasse kommen überhaupt nie zu einer verständigen Würdigung dieser Tatsache der Entwicklung sondern treiben sich auf dieser astralen Zwischenstufe ebenso ohne Ziel und Zweck umher, wie sie es während des anderen Teils ihres Lebens im physischen Körper getan haben. Nach dem Tode, genau so wie vorher sind es nur die Wenigen, die etwas von ihrer Stellung in der Welt begreifen und das Beste daraus zu machen wissen, während die Menge dieses Wissen noch nicht erlangt hat; und gerade wie hier, sind diese Unwissenden selten bereit, den Rath oder das Beispiel der Wissenden sich zunutze zu machen.

Welchen Grad aber auch der Intellekt eines Wesens erreicht haben mag, er schwankt fortwährend nach oben und nach unten, und gleichzeitig vermindert er sich allmählich immer mehr, denn der niedere Manas des Menschen wird nach verschiedenen Richtungen gezogen, von der höheren, spirituellen Natur, die von oberhalb seines Niveaus aus auf ihn wirkt und von den starken Begierden, – Kräften, die von unten arbeiten, und daher schwingt er zwischen den zwei anziehenden Energien hin und her, mit immer zunehmender Tendenz zur ersteren, denn die Kräfte der niederen Triebe lassen allmählich nach.

In dem gewöhnlichen Menschen hebt sich also das Bewusstsein aus den niederen Teilen seiner Natur stetig hinauf zu den höheren, und es kann augenscheinlich seiner Entwicklung nicht nützen, wenn seine niedrigen Teile aus der natürlichen und wünschenswerten Bewusstlosigkeit, in die sie versinken, wieder erweckt und in die Berührung mit der Erde zurückgezogen werden, um sich durch ein gewöhnliches Medium zu betätigen.

Die eigentümliche Gefahr wird man erkennen, wenn man bedenkt, dass, während der wirkliche Mensch sich stetig mehr in sich selbst zurückzieht, er mit der Zeit weniger und weniger fähig ist, seine niederen Teile zu beeinflussen oder zu leiten, und dass diese trotzdem, bis die Trennung vollständig, Karma zu erzeugen vermögen; und dieses dürfte unter diesen Umständen weit wahrscheinlicher ein schlimmes als ein gutes sein.

Ganz abgesehen von dieser Frage der Entwicklung oder deren Hinderung durch ein Medium, gibt es noch einen anderen und viel öfter ausgeübten Einfluss, der häufig ein entkörpertes Wesen auf seinem Weg zur Himmelswelt ernstlich zurückhält, und das ist der heftige und oft zügellose Gram der überlebenden Freunde oder Verwandten. Das ist eine der vielen traurigen Folgen der schrecklichen und unrichtigen, ja irreligiösen Ansicht, welche wir uns hier im Westen seit Jahrhunderten über den Tod gebildet haben; wir bereiten uns hierdurch nicht nur eine Menge unnötiger Schmerzen über diese zeitweilige Trennung von unseren Lieben, sondern tun ihnen, für die wir doch eine so tiefe Liebe empfinden, auch oft gerade durch diesen bitteren Gram, dem wir uns hingeben, ernstlichen Schaden.

Wenn unser Bruder im Naturverlauf friedlich in die Bewusstlosigkeit versinkt, die seinem Erwachen inmitten der Herrlichkeit der Himmelswelt vorhergeht, dann wird er zu häufig aus seinen glücklichen Träumen zu lebhafter Erinnerung an das Erdenleben erweckt, das er soeben hinter sich gelassen hat, zwar durch nichts anderes, als die leidenschaftlichen Schmerzen und Wünsche seiner Freunde auf Erden, die entsprechende Schwingungen in seinem eigenen Begierden-Körper erwecken und ihm so in empfindlicher Weise den Frieden rauben.

Es wäre sehr wünschenswert, wenn die, denen liebe Freunde ins Jenseits vorausgegangen sind, aus diesen unzweifelhaften Tatsachen die Pflicht erkennen wollten, den Jammer um diese Lieben einzuschränken, der ja sehr natürlich, aber doch seinem eigentlichen Wesen nach selbstsüchtig ist.

Die okkulte Lehre empfiehlt nicht, die Toten zu vergessen; nicht im Mindesten; sie weist darauf hin, dass die liebevolle Erinnerung an einen dahingegangenen Freund eine Kraft ist, die, falls man sie auf ernstliche gute Wünsche für sein ruhiges Durchschreiten des Zwischenreichs und seinen baldigen Aufstieg zur Himmelswelt anwendet, ihm von wirklichem Werth sein würde, während man diese Kraft im Grämen um ihn und im Verlangen, ihn zurückzuerhalten, vergeudet, ihm dies nicht nur nichts nützt, sondern ihm sogar schadet. Sehr mit Recht schreibt daher die Hindu-Religion ihre Shrâddha-Zeremonien vor und die katholische Kirche ihre Gebete für die Toten.

Manchmal jedoch kommt es vor, dass auf der anderen Seite der Wunsch vorhanden ist, eine Verbindung herzustellen, und dass der Tote etwas Besonderes auf dem Herzen hat, was er denen mitzuteilen wünscht, die er zurückgelassen. In einzelnen Fällen ist es eine wichtige Ungelegenheit, z. B. die Angabe des Ortes, wo ein gesuchtes Testament liegt; aber meistens scheint es uns recht unerheblich. Was es nun aber auch sein mag, wenn es den Geist des Dahingegangenen stark bedrückt, dann ist es zweifellos wünschenswert, dass es ihm ermöglicht wird, diese Ungelegenheit zu erledigen, weil sonst die Sorge um diese Sache seine Gedanken fortwährend wieder nach dem Erdenleben zurückzieht und ihn dann abhält, in höhere Sphären überzugehen. In einem solchen Fall ist ein Sensitiver, der ihn verstehen, oder ein Medium, durch das er schreiben oder sprechen kann, von wirklichem Nutzen für ihn.

Weshalb kann er denn nicht ohne ein Medium sprechen, oder schreiben? Wird wohl mancher fragen. Der Grund hierfür ist der, dass eine Art oder ein Grad von Materie für gewöhnlich nur auf den nächst niederen Grad einwirken kann, und da er jetzt in seinem Organismus keine dichtere Materie besitzt, als die, aus dem sein Astralkörper besteht, so ist es ihm unmöglich, Schwingungen in dem physischen Stoff der Luft hervorzubringen, oder den physischen Bleistift zu bewegen, ohne lebende Materie des dazwischen liegenden Grades, – die eines Ätherkörpers zu benutzen, vermittelst dieser Materie jedoch ist es ihm leicht, eine Wirkung von der einen Ebene auf die andere auszuüben. Er kann dies Material nicht von einem gewöhnlichen Menschen borgen, weil dessen Grundteile zu eng miteinander verbunden sind, um durch solche Mittel getrennt werden zu können, die ihm wohl wahrscheinlich nur zu Gebot stehen; das Wesentliche der Mediumschaft ist aber gerade die leichte Trennbarkeit der Grundteile, und deshalb kann er von einem Medium ohne große Schwierigkeit für seine Manipulationen die Materie beziehen, die er braucht.

Wenn er kein Medium findet, oder nicht weiß, wie er es anzufangen hat, sich seiner zu bedienen, dann macht er wohl manchmal plumpe und Ungeschickte Versuche, sich direkt mitzuteilen, und durch die Stärke seines Willens setzt er blindlings Elementar-Kräfte in Tätigkeit, die vielleicht solche anscheinend zwecklose Manifestationen bewerkstelligen, wie Stein-Werfen, Glockenläuten und dergl.

Es kommt dann häufig vor, dass ein psychisch Veranlagter oder ein Medium, das sich in das Haus verfügt, wo solche Kundgebungen stattfinden, imstande ist, zu entdecken, was das Wesen, das diese hervorruft, sagen oder tun will, und es mag so diese Störungen zum Abschluss bringen. Immer wird dies jedoch nicht der Fall sein, da diese Elementarkraft gelegentlich aus ganz anderen Ursachen in Bewegung gesetzt wird.

4) Die Schatten (Shades). Wenn die Trennung der Grundteile vollständig vor sich gegangen ist, dann hört für den Menschen das astrale Leben auf und er geht, wie schon erwähnt, in den Zustand von Devachan über.

Aber gerade wie er beim physischen Tode seinen physischen Körper zurücklässt, so hinterlässt er bei seinem astralen Tode einen sich in Auflösung befindlichen Astralkörper.

Wenn er sich während des Lebens auf Erden von allen irdischen Wünschen befreit und all seine Energie auf selbstloses spirituelles Streben gerichtet hat, dann ist sein höheres Ego imstande, seinen ganzen niederen Manas, den es in die Verkörperung hinabgesandt hatte, in sich selbst zurückzuziehen; in diesem Fall stellt der Körper, den er auf der Astral-Ebene zurücklässt, einen Leichnam dar, gerade wie der zurückgelassene physische Körper, und er gehört dann nicht in diese Klasse, sondern in die nächste.

Selbst im Fall eines etwas weniger vollkommenen Lebens wird fast dasselbe eintreten, wenn die Kräfte der niedrigen Wünsche sich ungestört auf der Astralebene erschöpfen können.

Aber die große Mehrzahl der Menschen machen nur sehr nichtssagende und oberflächliche Anstrengungen auf der Erde, die weniger hohen Triebe ihrer Natur loszuwerden; sie verurteilen sich dadurch nicht nur zu einem sehr verlängerten Aufenthalt in dem Zwischenreich, sondern auch zu dem Verlust eines Teils ihres niederen Intellekts; – man kann es nicht anders bezeichnen.

Das ist ja eine etwas materialistische Art, um die Idee der Ausstrahlung des höheren Manas in den niederen darzustellen, aber man gewinnt doch eine ziemlich genaue Vorstellung von dein, was tatsächlich stattfindet, wenn man die Hypothese gelten lässt, dass das Manas-Prinzip bei jeder Wiederverkörperung einen Teil seiner selbst in die niedere Welt des physischen Lebens hinabsendet, mit der Absicht, diesen Teil am Ende des Lebens, bereichert mit allen den verschiedenen Erfahrungen, wieder an sich zu ziehen. Der gewöhnliche Mensch aber macht sich bedauerlicherweise so sehr zum Sklaven aller Arten niedrigen Verlangens, dass ein gewisser Teil dieses niederen Intellekts sehr eng mit dem Begierdenkörper verwächst, und wenn die Scheidung am Abschluss seines astralen Lebens stattfindet, muss der mentale Grundteil sozusagen herausgerissen werden und der erniedrigte Teil bleibt in dem sich zersetzenden Astralkörper hängen.

Dieser Körper besteht daher aus Partikeln astraler Materie, von den der niedere Manas sich nicht hat befreien können und welche ihn gefangen halten; denn wenn der Mensch in die Himmelswelt übergeht, hängen sich diese astralen Fesseln an einen Teil seines Manas und reißen ihn sozusagen ab. Wie viel von der Materie einer jeden Stufe in dem zerfallenden Astralvehikel noch vorhanden ist, hängt daher von dem Maße ab, in welchem der Manas unlösbar in den niederen Leidenschaften verstrickt ist. Da der Manas beim Aufstieg von Stufe zu Stufe unfähig ist, sich vollständig von der Materie jeder dieser Stufen zu befreien, so ist es leicht einzusehen, dass der zurückgebliebene astrale Rest alle die groben Bestandteile aufweisen wird, denen es gelungen war, mit ihm in Verbindung zu bleiben.

So entsteht die Art Wesen, die man wohl die *Schatten* (shades) genannt hat, – Wesen wohlbemerkt, die keineswegs das wirkliche Individuum darstellen; das ist ja in die Himmelswelt übergegangen; aber trotzdem besitzt dies Wesen genau seine persönliche Erscheinung und ebenso sein Gedächtniß und alle seine kleinen Eigenheiten; es ist daher erklärlich, dass es in spiritistischen Sitzungen häufig mit der Person selbst verwechselt wird. Solch ein Schattenwesen ist sich natürlich dieser Art Schauspielerei nicht im mindesten bewusst, denn so weit es überhaupt denken kann, hält es sich natürlich noch für die Persönlichkeit; aber man kann sich den Schrecken und den Abscheu der Freunde des Dahingegangenen vorstellen, wenn sie sich den Trug klarmachen könnten, anstatt ihren geliebten Freund eine ganz seelenlose Sammlung aller seiner niedrigsten Eigenschaften begrüßt zu haben.

Die Lebensdauer eines solchen Schattens richtet sich nach dem Gehalt an niederen Manas, der ihn beseelt; da jedoch dieser fortwährend im Auflösungsprozess begriffen ist, so nimmt seine Denkfähigkeit stetig ab, obgleich er einen guten Teil eigenartiger tierischer Schlauheit besitzen mag; und selbst gegen Ende seines Lebenslaufes ist er noch imstande, durch erborgte Intelligenz des Mediums mit der physischen Welt in Verkehr zu treten.

Aus seiner Natur ergibt sich, dass er üblen Einflüssen aller Art außerordentlich leicht zugängig ist, und da er sich von dem höheren Ego getrennt hat, so ist nichts in ihm, was auf gute Einwirkungen reagiren könnte.

Er ist daher leicht bereit, den unedlen Zwecken verschiedener Arten niederer schwarzer Magie zu dienen. Was von mentaler Materie in ihm ist, vergeht allmälig und kehrt zu deren

Welt, wenn auch nicht zu einem individuellen Manas zurück, und so geht er fast unmerklich in ein Wesen der nächsten Klasse über.

5) Die Larven (shells). Dies sind nur noch die reinen Astral-Leichname in den späteren Stadien der Zersetzung; alle mentalen Teilchen sind verschwunden. Sie sind vollständig ohne irgendeine Art von Bewusstsein oder Intelligenz und treiben passiv in den astralen Strömungen umher, gerade wie eine Wolke in beliebiger Richtung vom Winde dahingetrieben wird; aber auch jetzt noch können sie für kurze Zeit zu einer grausigen Lebensposse galvanisiert werden, wenn sie mit der Aura eines Mediums in Berührung kommen.

Unter solchen Umständen gleicht eine solche Larve, der äußeren Erscheinung nach, noch genau der abgeschiedenen Persönlichkeit, und mag selbst bis zu gewissem Grade deren gewöhnliche Ausdrucksweise und deren Handschrift zeigen; aber dies geschieht nur ganz automatisch, da die kleinsten Teilchen der Larven die Neigung haben, bei äußerem Anreiz die Art der Tätigkeit zu wiederholen, an die sie am meisten gewöhnt waren; und wie viel Intelligenz auch bei solchen Manifestationen sich zeigen mag, sie stammt jedenfalls nicht von der eigentlichen Persönlichkeit, sondern stammt von dem Medium oder seinen *Kontrolgeistern*.

Häufiger jedoch wird sie in ganz anderer Weise wieder belebt, doch soll dies in der nächsten Abteilung beschrieben werden.

Die Larve hat auch die Eigentümlichkeit, dass sie unwillkürlich Schwingungen – und zwar gewöhnlich solche niedrigster Art – hervorruft, die während ihres letzten Stadiums, als *Schatten*, häufig in ihr vibriert haben; in Folge dessen empfinden meistens Personen von starken, bösen Neigungen und Leidenschaften, wenn sie physischen Manifestationen in spiritistischen Sitzungen beiwohnen, dass diese Neigungen in ihnen wachsen, als würden sie von den unbewussten Larven auf sie übertragen.

Es gibt noch eine andere Art von Leichnamen, die wir in dieser Abteilung erwähnen müssen, trotzdem sie zu einem viel früheren Stadium der Geschichte des Menschen nach dem Tode gehört.

Es ist eben schon erwähnt, dass nach dem Tode des physischen Körpers das astrale Vehikel verhältnismäßig bald sich umgestaltet und der ätherische Körper abgeworfen wird; — dieser letztere nun verfällt dem Schicksal langsamer Auflösung, gerade wie die astrale Larve ihrer Zeit.

Diese ätherischen Larven sieht man jedoch nicht ziellos umhertreiben, wie die Art, welche wir bisher besprachen; im Gegenteil, sie verbleiben innerhalb weniger Meter von dem verfallenden physischen Körper und da sie für jeden nur etwas Sensitiven leicht sichtbar sind, so geben diese ätherischen Larven die Veranlassung zu den so vielfach umlaufenden Kirchhofs-Gespenstergeschichten.

Geht jemand, der psychisch entwickelt ist, über einen unsrer großen Kirchhöfe, so sieht er Hunderte dieser bläulich weißen Nebelgestalten, wie sie über den Gräbern hocken, über den Lagerstätten der physischen Hüllen, die sie erst kürzlich verlassen haben, und da sie sich, wie diese kompakteren Genossen, in den verschiedensten Graden der Auflösung befinden, so ist ihr Anblick keineswegs ein erfreulicher.

Wie die andere Art Larven ist auch diese vollständig ohne Bewusstsein und Intelligenz, und obgleich sie unter gewissen Bedingungen zu einem zeitweiligen Leben in grauenhafter Form galvanisiert werden kann, so ist das doch nur durch Anwendung scheußlicher Zaubergebräuche einer der schlechtesten Arten der schwarzen Magie möglich; je weniger wir davon reden, desto besser.

Wir sehen also, wie in den aufeinanderfolgenden Stadien des Aufstiegs vom Erdenleben zur Himmelswelt der Mensch nicht weniger als drei abgestorbene Körper zurücklässt und der langsamen Auflösung überantwortet, – den dichten physischen, den ätherisch-physischen und den Astralkörper – die alle sich in ihre einzelnen Bestandteile auflösen und die ihrerseits auf den betr. Ebenen von der wunderbaren Chemie der Natur wieder aufs Neue verwendet werden.

6) Die wiederbelebten Larven. Diese Art Wesen sollten genau genommen eigentlich nicht unter die Klasse der menschlichen eingereiht werden, da sie nur die äußere Hülle, die passive, gefühllose Larve (shell) ist, die einst zur Ausrüstung des Menschen gehörte; dasjenige Leben, die Intelligenz und die Triebe, die eine solche Wesenheit besitzen mag, gehören der *künstlichen Elementarform* an, die sie noch beseelt; sie ist aber nicht selbst menschlich, trotzdem sie schrecklicherweise in Wahrheit ein Geschöpf der bösen Gedanken des Menschen ist. Es wird deshalb besser sein, sie eingehender ihrer Zeit bei den künstlichen Elementarformen zu besprechen, da ihre Natur und Entstehungsweise leichter verständlich sein werden, wenn wir bei diesem Teil unsres Gegenstandes angelangt sind.

Es möge daher genügen, zu erwähnen, dass diese Art Larve stets ein übelwollendes Wesen ist – ein wahrer Dämon der Versuchung, dessen schlimmer Einfluss nur durch den Umfang seiner Kraft begrenzt wird. Gleich dem Schatten wird sie häufig benutzt, um die Zwecke der Voodoo- und Obeah-Formen der Magie zu fördern.

Manche Schriftsteller haben sie unter dem Namen Elementarwesen (elementaries) beschrieben; da aber diese Bezeichnung jeweilig aus fast jede Art Gebilde oder Wesenheit, die nach dem Tode austreten, angewandt worden ist, so ist sie so vag und bedeutungslos geworden, dass es wohl besser ist, diese Bezeichnung zu vermeiden.

7) Die Selbstmörder und die Opfer eines plötzlichen Todes. Es ist leicht einzusehen, dass ein Mensch, der durch einen Unfall, oder durch Selbstmord bei voller Kraft und Gesundheit, sich auf der Astralebene in beträchtlich anderen Umständen befinden wird, als der, welcher aus Altersschwäche oder aus Krankheit gestorben ist.

Bei diesem hat sich das Band der Wünsche nach dem Irdischen sicherlich mehr oder weniger gelockert, und wahrscheinlich ist er die aller gröbsten Bestandteile seines Astralkörpers schon losgeworden; er wird sich daher wohl auf der sechsten oder fünften Abteilung der Astralwelt oder vielleicht selbst höher befinden. Die Grundteile haben sich auf die Trennung allmählich vorbereitet, und die Erschütterung beim Übergang ist deshalb nicht so gewaltig.

Im Fall des Todes durch Unfall oder Selbstmord haben all diese Vorbereitungen nicht stattgefunden und das Herausziehen der höheren Grundteile aus ihrer physischen Behausung ist deshalb sehr passend mit dem Herausreißen eines Kernes aus einer unreifen Frucht verglichen worden; ein großer Teil der gröbsten Astralmaterie hängt der Persönlichkeit noch an und diese wird deshalb auf der siebenten, der niedrigsten Abteilung der Ebene festgehalten. Diese ist, wie schon beschrieben, alles eher, als ein angenehmer Aufentalt; jedoch ist sie es nicht in gleichem Maße für alle, die gezwungen sind, dort eine Zeit lang zu verweilen. Solche Opfer eines Unfalls, deren Erdenleben rein und edel gewesen ist, haben keine Verwandtschaft zu diesem Niveau und sie verbringen die Zeit ihres Aufenthalts dort, um einen älteren Bericht über solchen Fall zu zitieren, entweder in *glücklicher Unwissenheit und völligem Vergessen oder in dem Zustand eines ruhigen Schlummers voll rosiger Träume.*

Andernfalls jedoch, wenn der Menschen Erdenleben niedrig und brutal war, selbstsüchtig und sinnlich, dann werden diese, gleich den Selbstmördern, in dieser wenig wünschenswerten Region im vollsten Maße ihr Bewusstsein besitzen und sich möglicherweise zu schrecklich bösen Wesen entwickeln. Brennend vor Begierden aller Art, die sie nicht mehr direkt befriedigen können, da sie nun keinen physischen Körper mehr besitzen, suchen sie ihren scheußlichen Leidenschaften durch die Stellvertretung eines Mediums oder eines Sensitiven zu frönen, die dann unter einer Art Besessenheit zu leiden haben; es macht ihnen dann teuflische Freude, alle Art Täuschungen anzuwenden, die ihnen die Astralebene an die Hand gibt, um andere zu denselben Exzessen zu verleiten, die sich bei ihnen so verhängnisvoll erwiesen haben.

Um nochmals aus demselben Bericht zu zitieren: *Dies sind die Pisâchas, die Incubi und Succubae, nach der Bezeichnung mittelalterlicher Schriftsteller, Dämonen des Durstes und der Gefräßigkeit, der Wollust und des Geizes, — Dämonen unglaublicher List und Ruchlosigkeit und Grausamkeit, die ihre Opfer zu schrecklichen Verbrechen anstiften und in solchem Thun schwelgen.* – Von dieser Klasse, sowie der vorhergehenden, stammen die Versucher – die *Teufel* der theologischen Literatur; ihre Macht versagt aber vollständig, wenn das Gemüt und das Streben rein ist; sie können einem Menschen nichts anhaben, wenn er nicht zunächst selbst schon den Tastern nachgegeben hat, zu denen sie ihn zu verführen suchen.

Wer mit psychischem Schauen begabt ist, kann oft beobachten, wie Haufen dieser unglücklichen Geschöpfe sich um die Schlachterladen, Schankstätten und andere noch unwürdigere Orte drängen, wo die groben Erregungen zu finden sind, an denen sie ihre Freude haben, und wo sie noch lebende Männer und Frauen antreffen, die gleichen Sinnes sind wie sie.

Für solch ein Wesen ist es wirklich ein schreckliches Unglück, ein Medium zu finden, mit dem es gleich gestimmt ist; nicht nur wird es ihm dadurch möglich, sein schreckliches astrales Leben enorm zu verlängern, sondern die Bedingungen werden dadurch auch für unbestimmbar lange Zeit immer wieder erneuert, sich böses Karma zu schaffen; hierdurch bereitet er für sich selbst eine zukünftige Wiederverkörperung niedrigster Art vor und riskiert daneben noch einen großen Teil seiner intellektuellen Kraft, die er etwa besitzen mag, zu verlieren. Ist er so glücklich, keinen Sensitiven zu finden, durch dessen Stellvertretung er seine Leidenschaft befriedigen kann, dann verlöschen allmählich die unerfüllten Wünsche und Begierden und durch die Leiden, die dieser Prozess hervorruft, wird wahrscheinlich ein guter Teil des bösen Karmas des früheren Lebens abgezahlt.

Die Tage des Selbstmörders wird dadurch noch schwieriger, dass seine übereilte Tat die Fähigkeit des höheren Egos, seinen niederen Teil des Manas in sich zurückzuziehen, beträchtlich verringert und er dadurch mannigfaltigen und neuen großen Gefahren ausgesetzt ist; im Auge behalten muss man jedoch, dass die Schwere der Schuld des Selbstmörders je nach den Umständen sehr verschieden ist, von der moralisch untadelhaften Tat Senecas oder Sokrates durch alle Grade hindurch bis zu dem abscheulichen Verbrechen des Nichtswürdigen, der sich sein Leben nimmt, um sich den bösen Folgen seiner Untaten zu entziehen; und selbstverständlich ändert sich auch ihre Tage dementsprechend.

Ich mache darauf aufmerksam, dass diese Klasse, so wie die Schatten und die wiederbelebten Larven, alle als Vampire, wenn auch schwächerer Art, bezeichnet werden können; das will sagen, sobald sie die Gelegenheit haben, verlängern sie dadurch ihr Dasein, dass sie menschlichen Wesen, auf die sie Einfluss zu gewinnen imstande sind, ihre Lebenskraft entziehen. Das ist der Grund, weshalb sowohl das Medium wie die Beisitzer nach einer physikalischen Sitzung oft so schwach und erschöpft sind. Ein Schüler des Okkultismus lernt, wie er sich gegen die Einflüsse dieser Wesen zu wehren hat; aber ohne diese Kenntnis ist es denen, die mit ihnen zusammentreffen, schwer, sich ganz ihrer Kontribution zu entziehen.

8) Vampire und Werwölfe. Es bleiben jetzt nur noch zwei Möglichkeiten, zwei noch schrecklichere aber glücklicherweise sehr selten, zu erwähnen, vordem dieser Teil unseres Gegenstandes erledigt ist; und obgleich sie sich in verschiedener Hinsicht sehr weit voneinander unterscheiden, so wollen wir sie doch zusammenfassen, da sie die Eigentümlichkeit teilen, überirdische Schreckensgestalten und zugleich von außerordentlicher Seltenheit zu sein; letzteres rührt daher, dass sie Erbstücke früherer Rassen sind, – grässliche Anachronismen, gräuliche Überbleibsel einer Zeit, in der die Menschen und ihre Umgebung sich von den jetzigen in vielfacher Weise unterschieden.

Wir von der fünften Hauptrasse sollten uns über die Möglichkeit hinaus entwickelt haben, mit solchen grauenhaften Wesen zusammenzutreffen, wie die Überschrift dieser Unterabteilung sie angibt, und es ist dies auch beinah so vollständig erreicht, dass sie gewöhnlich nur als mittelalterliche Fabelwesen angesehen werden; jedoch treten in Wirklichkeit selbst jetzt noch einzelne solcher Geschöpfe auf, wenn auch hauptsächlich in Ländern, wie Russland oder Ungarn, wo sich noch ein beträchtlicher Teil Blut vierter Hauptrasse vorfindet. Darauf bezügliche Erzählungen im Munde des Volks sind wahrscheinlich oft sehr übertrieben, aber immerhin liegt den unheimlichen Geschichten, die unter dem Landvolk Mittel-Europas von Mund zu Mund gehen, ein Kern schrecklicher Wahrheit zugrunde. Der allgemeine Grundzug solcher Erzählungen ist zu bekannt, um mehr als einer flüchtigen Erwähnung zu bedürfen; eine recht typische Vampir-Geschichte, wenn auch nach eigenem Bekenntnis nichts anderes als eine rein erfunden, ist „Sheridan le Fanns Carmilla", während ein sehr bemerkenswerter Bericht über eine ungewöhnliche Form dieser Wesen sich in „Isis Entschleiert I.", findet. Wer mit der theosophischen Literatur vertraut ist, weiß, dass ein Mensch ein so absolut unwürdiges und selbstsüchtiges, so äußerst ruchloses und brutales Leben führen kann, dass sein ganzes, gewöhnliches Denkvermögen mit seinen Begierden verstrickt ist und sich ganz von seiner spirituellen Urquelle im höheren Ego trennt.

Manche scheinen nun zu glauben, dass solches Vorkommen ein ganz gewöhnliches ist, und dass wir Schaaren solcher *seelenloser Menschen*, wie sie wohl genannt werden, jeden Tag in den Straßen finden könnten; aber dies ist glücklicherweise nicht richtig. Um eine solch grauenhafte Stufe des Bösen zu erreichen, die so den vollständigen Verlust der Persönlichkeit und die Schwächung der sich entwickelnden Individualität in sich schließt, muss der Mensch schon jeden Funken von Selbstlosigkeit oder Spiritualität erstickt und absolut keiner irgendwie höheren Regung je nachgegeben haben; und wenn wir daran denken, wie oft selbst bei den schlechtesten Schurken sich wenigstens ein etwas besserer Charakterzug findet, dann werden wir einsehen, dass solche verlorene Persönlichkeiten stets nur eine sehr kleine Minorität bilden können. Aber so verhältnismäßig wenig ihrer sein mögen, es gibt solche, und aus ihrer Reihe stammen die noch selteneren Vampire.

Das verlorene Wesen findet sehr bald nach dem Tod heraus, dass es ihm unmöglich ist, sich in der Astralwelt zu halten, dass es unwiderstehlich bei vollem Bewusstsein dahin gezogen wird, *wo es hingehört*, in die mysteriöse achte Sphäre, Um dort nach Erlebnissen, die besser ungeschildert bleiben, langsam zu vergehen Wenn es jedoch durch Selbstmord oder durch sonstigen plötzlichen Tod umkommt, dann kann es unter gewissen Umständen, besonders wenn es einige Kenntnisse in der schwarzen Magie besitzt, dieses schreckliche Schicksal hinausschieben, und zwar durch ein *Totenleben*, das kaum weniger schrecklich ist, – durch die grauenhafte Existenz als Vampir. Da die achte Sphäre erst nach dem Tod seines Körpers Anspruch auf ihn hat, so erhält er ihn dadurch in einer Art kataleptischen Schlafzustands, dass er ihm durch Transfusion Blut zuführt, das er anderen menschlichen Wesen in seinem halbmaterialisierten Astralkörper entzieht, und er schiebt so durch Massenmord sein endliches Schicksal hinaus.

Wie der volkstümliche Aberglaube einmal wieder richtig ertastet hat, ist die leichteste und wirkungsvollste Gegenmaßregel in solchem Falle, den Körper auszugraben und zu verbrennen und diesem Geschöpf so seinen point d'appui zu entziehen. Wenn das Grab geöffnet wird, dann erscheint der Körper gewöhnlich ganz frisch und gesund und der Sarg nicht selten ganz mit Blut gefüllt. – In den Ländern, wo die Sitte der Teichenverbrennung herrscht, ist diese Art Vampirismus natürlich unmöglich.

Der Werwolf, ein eben so schreckliches Geschöpf, ist das Ergebnis eines etwas anderen Karmas und er hätte eigentlich in der ersten, anstatt in der zweiten Abteilung menschlicher Bewohner dieser Ebene seinen Platz finden müssen, da der Mensch stets während seines Lebens anfängt, in dieser Form sein Wesen zu treiben. Hierzu sind unweigerlich einige Kenntnisse in magischen Künsten nötig, – jedenfalls soviel, um seinen Astralkörper austreten lassen zu können.

Wenn ein vollkommen grausamer, brutaler Mensch dies tut, dann sind manchmal Umstände vorhanden, unter denen ein anderes Astralwesen Besitz von dem Astralkörper nehmen und ihn materialisieren kann, aber nicht in eine menschliche Form, sondern in die irgendeines wilden Tieres – gewöhnlich eines Wolfes; und in diesem Zustand durchjagt dieser dann die Umgegend, tötet andere Tiere und selbst Menschen, und befriedigt dadurch nicht nur seine eigene Blutgier, sondern auch die des teuflischen Wesens, das ihn dazu antreibt.

In diesem Fall, wie bei den gewöhnlichen Materialisationen, überträgt sich die Wunde, die etwa dieser tierischen Form beigebracht wird, auf den menschlichen physischen Körper (diesen eigentümlichen Vorgang nennt man eine Reperkussion), obgleich nach dem Tode dieses physischen Körpers der astral, der wahrscheinlich auch ferner noch in derselben Form erscheint, weniger verwundbar sein wird.

Das Wesen wird dann aber auch weniger gefährlich sein, da es sich nicht ganz materialisieren kann, falls es nicht ein passendes Medium findet. Bei solchen Materialisationen beteiligt sich wahrscheinlich ein großer Teil der Materie des Ätherkörpers, und vielleicht wird sogar auch von den gasförmigen und flüssigen Bestandteilen des physischen Körpers ein Teil zur Kontribution herbeigezogen, wie in manchen spiritistischen Materialisationen. In beiden Fällen kann dieser fluidische Körper sich viel weiter von dem physischen entfernen, als es sonst, so weit bis jetzt bekannt, einem Vehikel möglich ist, das überhaupt eine gewisse Menge Äther-Materie enthält.

Es ist in unsrer Zeit Mode geworden, über das zu spotten, was man einen törichten Aberglauben des unwissenden Landvolks nennt; aber wie in den obigen Fällen, so in vielen anderen, findet der Okkultist bei sorgfältiger Prüfung, dass hinter dem, was auf den ersten Blick der reine Unsinn zu sein scheint, sich tiefe und in Vergessenheit geratene Naturwahrheiten verbergen, und er lernt, sowohl im Ablehnen wie im Annehmen vorsichtig zu sein. Wer die Astralebene zu erforschen unternimmt, braucht nicht zu fürchten, diesen sehr unangenehmen Geschöpfen zu begegnen, denn wie schon bemerkt kommen sie selbst jetzt schon außerordentlich selten vor und im Laufe der Zeit wird ihre Zahl glücklicherweise immer mehr abnehmen.

Jedenfalls ist ihre Tätigkeit gewöhnlich auf die Gegend in der Nähe ihres physischen Körpers beschränkt, wie es ja auch bei ihrer außerordentlich materiellen Natur anzunehmen ist.

9) Schwarze Magier und ihre Schüler. Diese Personen entsprechen auf der entgegengesetzten Seite der Stufenleiter unsrer zweiten Klasse abgeschiedener Wesen, den Schülern, die ihre Wiederverkörperung abwarten, nur dass diese Klasse, anstatt die Erlaubnis zu haben, eine ungewöhnliche Methode des Fortschritts sich zu Nutzen zu machen, sich bemüht, den natürlichen Fortgang der Entwicklung aufzuhalten, und sich durch magische Künste, manchmal der schrecklichsten Art, auf der Astralebene zu behaupten.

Man könnte leicht verschiedene Unterabteilungen dieser Klasse aufstellen, je nach ihren Zielen, ihren Methoden, der möglichen Dauer ihres Lebens auf dieser Ebene, usw.; aber da sie nichts weniger als begeisternde Studienobjekte sind, und alles was ein Schüler des Okkultismus von ihnen zu wissen begehrt, die Art und Weise ist, wie er ihnen aus dem Weg gehen kann, so wird es wohl interessanter sein, zu der Untersuchung eines anderen Teils unseres Gegenstandes überzugehen. Es mag jedoch noch erwähnt werden, dass jedes solche menschliche Wesen, das sein Leben auf der Astralebene so über seine natürlichen Grenzen hinaus verlängert, dieses stets auf Kosten des Lebens Anderer tut, durch dessen Entziehung in der einen oder anderen Form.

II. Die nicht-menschlichen Wesen

Obgleich uns ein auch nur oberflächlicher Blick belehren könnte, dass viele von den irdischen Naturgebilden, mit denen wir in nahe Berührung kommen, nicht ausschließlich zu unserm Wohlbehagen oder auch nur zu unsern Gunsten geschaffen wurden, so war es doch wohl unvermeidlich, dass die menschliche Rasse, wenigstens in ihrer Kindheit, sich einbildete, diese Welt und alles was drinnen ist, existiere allein zu ihrem Nutzen und Vorteil; aber wir sollten mittlerweile entschieden dieser kindlichen Täuschung entwachsen sein, und uns unsre eigentliche Stellung und die Pflichten, welche aus dieser erwachsen, klar gemacht haben.

Dass viele das noch nicht getan haben, zeigt sich in der verschiedensten Weise im täglichen Leben, – besonders in den abscheulichen Grausamkeiten, die unter dem Namen Sport ganz gewohnheitsgemäß gegen die Tiere ausgeübt werden, und zwar von Menschen, die sich selbst wahrscheinlich für hoch zivilisiert halten. Wahrlich, der erste Anfänger in der heiligen Wissenschaft des Okkultismus weiß, dass alles Leben heilig ist, und dass es ohne universelles Mitgefühl keinen Fortschritt gibt; aber erst auf einer späteren Stufe seiner Studien entdeckt er, wie vielseitig das Bild der Entwicklung ist, und wie verhältnismäßig klein der Raum, den die Menschheit in der Ökonomie der Natur einnimmt.

Es wird ihm klar, dass gerade so, wie die Erde, die Luft, das Wasser Myriaden von Lebensformen bergen, die fürs gewöhnliche Auge unsichtbar sind, uns aber vom Mikroskop enthüllt werden, die höheren Ebenen, die mit unserer Erde in Verbindung stehen, eine ebenso dichte Bevölkerung besitzen, deren Existenz wir uns auch gewöhnlich gar nicht bewusst werden. Wenn seine Kenntnisse zunehmen, dann wird es ihm immer mehr zur Gewissheit, dass in der einen oder anderen Weise jede Möglichkeit der Entwicklung ausgenutzt wird, und wenn scheinbar in der Natur Kräfte vergeudet oder Gelegenheiten unbenutzt gelassen werden, dass der Fehler dann nicht der des Weltenplanes ist, sondern unser Mangel an Kenntnis der Methode oder der Absicht der Natur.

Für den Zweck unsrer jetzigen Betrachtung der nicht-menschlichen Bewohner der Astralebene wird es das Beste sein, die allerersten Formen universellen Lebens ganz aus dem Spiele zu lassen, die sich in einer Weise, von der wir uns nur eine schwache Vorstellung machen können, durch die Einhüllung in Atome und Moleküle entwickeln; denn wenn wir als das Niedrigste, mit dem wir anfangen, die sogenannten Elementar-Reiche nehmen, so werden wir selbst dann unter dieser Gesamtbezeichnung eine enorme Anzahl Astral-Bewohner zusammenzufassen haben, die wir nur sehr flüchtig berühren können; denn wollten wir sie irgendwie eingehend beschreiben, so würde dieses kleine Handbuch zu dem Anfang einer Enzyklopädie anwachsen.

Die geeignetste Methode nun, die nicht-menschlichen Wesen zu gruppieren, wird wohl sein, sie in vier Klassen zu teilen. – Und es muss gleich bemerkt werden, dass diesmal eine Klasse nicht, wie im vorigen Abschnitt, eine verhältnismäßig kleine Gruppe darstellt, sondern ein großes Reich der Natur, wenigstens so umfangreich und verschiedenartig, wie etwa das Tier- oder das Pflanzenreich.

Diese Klassen rangieren theils tiefer als die Menschheit, teils sind sie ihnen gleich, und teils sind sie uns an Güte und Macht weit überlegen. Einige gehören zu unsrem Entwicklungsschema; – das will sagen, sie sind Menschen, wie wir, gewesen oder werden es einst werden; andere entwickeln sich auf einer ganz anderen Linie als wir.

Bevor wir dazu übergehen, sie näher zu betrachten, will ich, um dem Vorwurf der Unvollständigkeit zu entgehen, bemerken, dass wir bei diesem Teil des Gegenstandes zwei Vorbehalte zu machen haben. Erstens berichten wir nicht über die gelegentliche Erscheinung sehr hoher Adepten von anderen Planeten unseres Sonnensystems oder selbst noch erhabenerer Besucher aus noch größerer Entfernung, da solche Vorkommnisse nicht gut in einem Essay für einen allgemeinen Leserkreis behandelt werden können; und außerdem ist es praktisch unvorstellbar, wenn auch natürlich theoretisch möglich, dass solche erhabenen Wesen in die Lage kommen sollten, sich auf einer so niedrigen Ebene, wie der astralen, zu betätigen.

Wenn sie aus irgendeinem Grunde jedoch solche Absicht hätten, so würden sie sich zeitweilig einen zu dem Zweck passenden Körper aus der Astralmaterie unseres Planeten schaffen, gerade wie es der oben erwähnte Nirmânakâya tut.

Zweitens gibt es, ganz abgesehen von den vier Klassen, in die wir diesen Abschnitt geteilt haben, und ganz ohne Zusammenhang mit ihnen, noch zwei andere große Entwicklungsreihen, welche zurzeit unseren Planeten zugleich mit der Menschheit benutzen; aber etwas Näheres über sie mitzuteilen, ist auf unsrer jetzigen Stufe untersagt, da es, wie es scheint, nicht beabsichtigt ist, dass sie unter gewöhnlichen Umständen sich des Daseins der Menschen bewusst werden, noch die Menschen des ihrigen.

Wenn wir je mit ihnen in Berührung kommen sollten, dann würde es wahrscheinlich auf der rein physischen Ebene sein, denn jedenfalls ist ihre Beziehung zu unsrer Astralebene nur ganz gering, da die einzige Möglichkeit für sie, dort zu erscheinen, von einem außerordentlich unwahrscheinlichen Zufall bei einer Prozedur im Taufe magischer Zeremonien abhängt. Immerhin hat wenigstens einmal sich dieser Zufall ereignet, sodass wir sie mit in unsere Liste aufnehmen müssten, wäre es nicht, wie erwähnt, verboten. –

1. Die Elementar-Essenz, die zu unserer eigenen Entwicklung gehört

Gerade wie der Name Elementarwesen (elementary) von verschiedenen Schriftstellern ohne Unterschied auf all und jeden möglichen Zustand des Menschen nach dem Tode angewandt worden ist, so hat man auch mit dem Wort Elemental (elemental) zu verschiedenen Zeiten alle nicht menschlichen Geister (spirits) bezeichnet, von den göttlichsten, den Devas herunter durch die Reihe der verschiedensten Arten Naturgeister hindurch, bis zu den formlosen Essenzen, die die Reiche unter, oder hinter dem Mineralreich ausmachen, sodass der Schüler, wenn er verschiedene Bücher darüber gelesen hat, durch die sich widersprechenden Angaben und Bezeichnungen vollständig verwirrt wird. Man möge sich deshalb merken, dass in dieser Abhandlung der Name Elementar-Essenz nur auf die monadische Essenz während gewisser Stufen ihrer Entwicklung angewandt wird; und diese monadische Essenz ihrerseits als die Ausströmung des Geistes oder der göttlichen Kraft in die Materie definiert werden mag.

Wir sind alle mit der Auffassung vertraut, dass dieser Kraftstrom, vor dem er die Stufe der Individualisation erreicht hat und den Menschen beseelt, sechs niedrigere Phasen der Entwicklung durchschritten und jede ihrerseits beseelt hat, – das Tier-, das Pflanzen-, das Mineralreich und die Elementar-Reiche. Zurzeit, da er diese betreffenden Stufen mit Kraft erfüllte, hat man ihn die resp. Tier-, Pflanzen- oder Mineral-Monade genannt; aber diese Bezeichnung ist entschieden irreführend, denn lange vordem der Strom bei einem dieser Reiche anlangte, ist er nicht mehr eine Monade, sondern er ist zu vielen Monaden geworden. Die Bezeichnung war nur gewählt, um darauf hinzudeuten, dass die Differenzierung der monadischen Essenz, trotzdem sie schon lange ihren Anfang genommen hatte, doch noch nicht zur völligen Individualisierung gelangt sei.

Wenn diese monadische Essenz in den drei großen Elementarreichen, die dem Mineralreich vorausgehen, ihre Kraft ausströmt, wird sie mit dem Namen Elementar-Essenz bezeichnet. Bevor wir jedoch ihre Natur und die Methode, wie sie sich betätigt, verstehen können, müssen wir uns erst über die Art und Weise klar werden, in welcher der Geist sich bei seinem Abstieg in die Materie entfaltet.

Also, wenn der Geist, der sich auf irgendeiner Ebene, einerlei welcher – nennen wir sie Ebene No. 1, befindet, den Entschluss fasst, auf die nächstniedrige Ebene, nennen wir sie Ebene No. 2, herabzusteigen, so muss er sich in der Materie dieser Ebene entfalten, – das will sagen, er muss einen Schleier aus dem Stoff dieser Ebene No. 2 um sich ziehen. Dasselbe geschieht, wenn er weiter zur Ebene No. 3 herabsteigt; er muss sich dann in Materie dieser Ebene No. 3 hüllen; wir würden dann, sagen wir, ein Atom haben, dessen Körper oder Äußeres aus Materie der Ebene No. 3 besteht; die Kraft, die es mit Energie versieht – seine Seele, sozusagen, – wird dann nicht der Geist in dem Zustand sein, wie er auf der Ebene No. 1 war, sondern er wird diese göttliche Kraft plus dem Schleier aus dem Stoff der Ebene No. 2 sein. Bei einem weiteren Abstieg zur Ebene No. 4 wird das Atom noch komplizirter, denn es besitzt dann einen Körper aus Materie No. 4 und wird durch den Geist beseelt, der schon in zwei Schleier aus Stoff der Ebene No. 2 und 3 gehüllt ist. Da sich dieser Prozess auf allen Abteilungen jeder Ebene des Sonnensystems wiederholt, so ist es klar, dass, wenn die Ursprungsenergie ihrer Zeit unsere physische Region erreicht, sie so gründlich verschleiert ist, dass es uns nicht Wunder nehmen kann, wenn die Menschen sie oft überhaupt nicht mehr als Geist erkennen können.

Nun wollen wir annehmen, dass die monadische Essenz diesen Vorgang der Einhüllung bis auf das Atom-Niveau der Mentalebene durchgeführt hat, und dass sie, anstatt auf die verschiedenen Abteilungen dieser Ebene herabzusteigen, direkt zur Astralebene herabtaucht und einen Körper aus Astralatomen um sich zieht und diesen beseelt; solches Gebilde würde die Elementar-Essenz der Astralebene sein und gehörte dann zu dem dritten der großen Elementarreiche, zu dem, das dem Mineralreich unmittelbar vorausgeht. Während ihrer Existenz in zweitausendvierhundert Arten der Gestaltung zieht die Elementaressenz viele verschiedenartige Kombinationen der Materie aus allen sieben Unterebenen an sich; doch sind diese nur von zeitweiliger Dauer; dem Wesen nach bilden sie ein Reich, dessen wesentlicher Charakter darin besteht, dass es monadische Essenz ist, die sich nur bis zur Atomstufe der Mentalebene herab involviert hat, sich aber vermittelst der Atom-Materie auf der Astralebene manifestiert.

Die beiden höheren Elementarreiche leben und wirken je auf dem höheren und dem niederen Teil der Mentalebene; aber wir haben es hier mit diesen nicht zu tun.

Wenn man, wie es oft geschieht, bei Besprechung dieser Gruppe, die wir jetzt betrachten, von einem Elemental (elemental) spricht, so führt das leicht irre, denn genau genommen gibt es dergleichen gar nicht. Das, was wir vorfinden, ist eine großartige Menge Elementaressenz, die wunderbar empfänglich für den leisesten Gedanken der Menschen ist und mit unglaublicher Bereitwilligkeit in dem unmessbaren Teil einer Sekunde in zarten Schwingungen selbst auf eine vielleicht ganz unbewusste Regung des Willens oder des Wunsches eines Menschen reagiert.

Aber in dem Augenblick, da sie infolge eines solchen Gedankens oder einer Regung des Willens sich zu einem lebenden Kraftwesen gestaltet hat, in etwas, das in Wirklichkeit als ein Elemental oder eine Elementarform bezeichnet werden kann, – hört es auf, zu der Kategorie zu gehören, die wir jetzt betrachten, und es reiht sich in die Klasse der künstlichen Wesen ein. Jedoch ist das Sonderdasein einer solchen Form gewöhnlich nur von schnell vorübergehender Dauer, und sobald der Antrieb zu ihrem Dasein sich ausgewirkt hat, sinkt sie in die undifferenzierte Masse der besonderen Art Elementar-Essenz zurück, aus der sie heraustrat.

Es würde ermüdend sein, alle diese Arten der Reihe nach aufzuzählen, und selbst wenn wir eine solche Tiste aufstellten, würde sie den Meisten unverständlich sein; sie hätte nur Wert für den praktischen Schüler, der die Arten einzeln ausrufen und sie vergleichen kann. Einige Grundideen der Klassen-Einteilung sind jedoch leicht verständlich zu machen und auch wohl ganz interessant.

Zunächst kommt die Haupteinteilung, die allen Elementarwesen, Elementarformen, usw., den Namen gegeben hat, die Gruppierung nach der Gattung der Materie, in der sich ihr Wirkungskreis befindet. Auch hier wieder zeigt sich der bekannte siebenfache Charakter unserer Entwicklung, denn es gibt sieben solcher Gruppen, die resp. Beziehungen zu den sieben verschiedenen Zuständen der physischen Materie haben, zu den *Elementen* Erde, Wasser, Luft, Feuer ... oder um die mittelalterliche Symbolik in moderne, schärfere Ausdrucksweise zu übersetzen, zum festen, flüssigen, gasförmigen Aggregatzustand und den 4 ätherischen Zuständen.

Lange Zeit schon hat man sich daran gewöhnt, die Ignoranz der mittelalterlichen Alchemisten zu bemitleiden und zu bespötteln, weil sie Substanzen als Elemente bezeichneten, die nach den Entdeckungen der neueren Chemie zusammengesetzte Körper sind; aber wenn wir so leicht hin über sie absprechen, so tun wir ihnen großes Unrecht, denn ihre Kenntnisse über diese Dinge sind jedenfalls tiefer, nicht oberflächlicher, als unsere. Ob sie nun alle die 60 oder 70 Substanzen, die wir jetzt Elemente nennen, aufzuzählen vermochten – oder nicht, jedenfalls bezeichneten sie sie nicht so, denn ihre okkulten Studien hatten sie belehrt, dass es in unserem Sinne nur ein Element gibt, aus dem diese und alle anderen Gestaltungen der Materie sich ableiten, eine Wahrheit, die einigen der größten Chemiker unsrer Zeit aufzuleuchten beginnt.

Tatsache ist, dass die Analyse unsrer bespöttelten Vorväter mehrere Grade tiefer ging, als unsere. Sie erkannten den Äther und konnten ihn beobachten, während die moderne Wissenschaft ihn nur als notwendige Hypothese für ihre Theorien voraussetzt; es war ihnen bekannt, dass er aus physischer Materie in 4 verschiedenen und höheren Aggregatzuständen, als dem gasförmigen, besteht; eine Tatsache, die noch nicht wieder entdeckt ist. Sie wussten, dass alle physischen Dinge aus Materie des einen oder des anderen der sieben Aggregatzustände bestehen, und dass in jedem organischen Körper alle sieben mehr oder weniger vertreten sind; daher sprachen sie immer von feurigen und wässrigen Gemütsarten (humores) oder *Elementen*, was uns so grotesk klingt. Es ist wahrscheinlich, dass sie dies letztere Wort einfach als gleichbedeutend mit *Bestandteil* gebrauchten, ohne im Mindesten damit die Idee einer Substanz verbinden zu wollen, die sich nicht weiter teilen lasse. Sie wussten ferner, dass jede dieser *elementaren* Stoffordnungen je einer großen Klasse sich entwickelnder monadischer Essenz als Spielraum der Betätigung dient, und so nannten sie die Essenz – *Elementaressenz*.

Was wir uns also klar zu machen suchen müssen, ist, dass in jedem Partikelchen fester Materie, so lange es in diesem Zustand verharrt, ein *Erd-Elementarwesen* sich aufhält, um die pittoreske Ausdrucksweise der mittelalterlichen Gelehrten zu gebrauchen; das will sagen, eine gewisse Menge eigenartiger lebender Elementaressenz, während ebenso in jedem kleinen Teilchen flüssiger, gasförmiger oder ätherischer Materie resp. ein *Wasser-, Luft- oder Feuer-Elementarwesen* wohnt.

Man kann sich diese Grundeinteilung des dritten Elementar-Reiches gleichsam durch Horizontal-Linien hergestellt vorstellen; – das will sagen, diese betr. Klassen bilden sozusagen Stufen, von denen jede etwas weniger grobmateriell ist als die nächst niedrigere, und die in fast unmerkbaren Graden ineinander übergehen; und man kann sich deshalb ferner vorstellen, wie jede dieser horizontalen Stufen wieder in 7 Grade eingeteilt werden kann, gerade wie ja bekanntlich bei den festen, flüssigen und gasförmigen Körpern auch viele Grade der Dichtigkeit vorhanden sind.

Nun gibt es aber ferner noch eine Einteilung, die wir uns durch senkrechte Linien markiert denken können, und diese ist etwas schwieriger zu verstehen, besonders da bei eingehenderer Darstellung einige Tatsachen berührt werden würden, über die die Okkultisten stets große Zurückhaltung bewahren. Vielleicht wird das, was über diesen Gegenstand bekannt ist, am klarsten, wenn wir sagen, dass in allen horizontal abgeteilten Klassen und Unterklassen sich sieben vollkommen verschiedene Elementar-Essenzen befinden; dass bei dieser Verschiedenheit aber nicht die Dichtigkeit der Materie, sondern vielmehr der typische Charakter und die Affinität eine Rolle spielt.

Jeder dieser Typen wirkt in der Weise auf die anderen ein, dass, wenn es ihnen auch unmöglich ist, ihre Essenz gegeneinander auszutauschen, sich doch in jedem dieser Haupt-Typen-Abteilung sieben Untertypen nachweisen lassen, die sich durch die Färbung unterscheiden, welche jeder Grundtypus durch die Beeinflussung der anderen erfahren hat.

Zugleich ist zu erkennen, dass diese senkrechten Teilungen und Unterteilungen dadurch sich vollständig von den horizontalen unterscheiden, dass die ersteren viel dauernder und grundlegender sind; denn während das Elementarreich bei seiner Entwicklung fast mit unendlicher Langsamkeit alle seine horizontalen Klassen und Unterklassen nacheinander sozusagen senkrecht durchschreitet, findet das Durchschreiten sozusagen seitwärts durch alle Typen und Untertypen nicht statt; diese bleiben auf dem ganzen langen Wege stets dieselben.

Ein Punkt, den man nicht aus den Augen lassen darf, wenn man die Entwicklung des Elementarreichs verstehen lernen will, ist, dass sie in der Richtung des herabsteigenden Bogens stattfindet, wie man sich manchmal ausdrückt; das will sagen, sie nähert sich immer mehr der vollkommenen Verstrickung in die Materie, wie wir sie im Mineralreich vollendet sehen, während sich sonst überall die Entwicklung, wo wir sie beobachten können; aus dieser Verstrickung heraus arbeitet. Also Fortschritt heißt hier Abstieg in die Materie, anstatt Aufstieg zu höheren Ebenen; und diese Tatsache gibt ihm in unsern Augen ein ganz *verkehrtes* Ansehen, bis wir Ziel und Zweck vollständig durchschaut haben. Wenn der Anfänger sich dies nicht fortwährend klar vor Augen hält, wird er immer wieder durch unverständliche Anomalien verwirrt werden.

Trotz dieser mannigfaltigen Klassen und Abteilungen sind doch gewisse Eigenschaften all den verschiedenen Arten dieser seltsamen lebenden Essenz gemeinsam; aber selbst diese Eigenschaften sind so verschieden von allem, womit wir auf der physischen Ebene vertraut sind, dass es sehr schwierig ist, sie denen zu erklären, die sie nicht selbst in Tätigkeit sehen können.

Ich will gleich vorausschicken, dass wenn ein Teil dieser Essenz für wenige Augenblicke von äußeren Antrieben ganz unbeeinflusst bliebe (ein Zustand übrigens, der wohl kaum je eintritt), sie absolut keine Form zeigen würde, wenngleich sie sich auch dennoch in fortwährender, schnellster Bewegung befindet; bei der leichtesten Störung jedoch, vielleicht infolge eines vorüberziehenden Gedankenstromes, nimmt sie plötzlich in verwirrender Überstürzung hastig sich bewegende, ewig wechselnde Gestaltungen an, die umherfahren und verschwinden mit einer Rastlosigkeit, wie die Blasen auf der Oberfläche des Wassers, wenn es kocht.

Obgleich diese auftauchenden und rasch wieder verschwindenden Gestalten gewöhnlich mit menschlichen oder anderen lebenden Wesen Ähnlichkeit haben, weisen sie doch ebenso wenig auf das Vorhandensein von wirklichen Einzelwesen in der Essenz hin, wie die ebenso wechselnden und vielgestaltigen Wellen, die ein plötzlicher Windstoß in wenigen Augenblicken auf einem bisher ruhigen Spiegel eines Binnensees hervorruft. Sie erscheinen wie Reflexe aus dem großen Vorratshause des Astrallichts. Übrigens sind die Formen gewöhnlich dem Charakter des Gedankenstroms angepasst, der sie ins Dasein ruft; jedoch zeigen sie fast immer eine groteske Verzerrung Und haben meistens etwas Abstoßendes oder Unerfreuliches an sich.

Es entsteht hier naturgemäß die Frage, was für eine Intelligenz sich hier bei der Auswahl entsprechender Formen oder bei deren Verzerrung betätigt. Wir haben es hier nicht mit den machtvollen und länger lebenden künstlichen Elementarformen zu tun, die von starken, bestimmten Gedanken erschaffen werden, sondern einfach mit dem Ergebnis, das ein Strom halb bewusster, unfreiwilliger Gedanken hervorruft, den die Majorität der Menschheit müßig durch ihr Gehirn fluten lässt. Die Intelligenz stammt daher augenscheinlich nicht aus dem Geist des Denkers, und wir können andererseits jedenfalls nicht der Elementar-Essenz irgendeine Art aufdämmernder mentaler Fähigkeit zutrauen, da ihr Reich noch weiter von der Individualisation entfernt ist als das Mineralreich.

Und doch besitzt es eine wunderbare Anpassungsfähigkeit, die der Intelligenz sehr nahe zu kommen scheint, und zweifellos ist diese Eigenschaft die Ursache, dass in einem unserer älteren Bücher diese Elementarformen als *die halb-intelligenten Wesen des Astralreichs* bezeichnet werden. Wir werden weitere Beweise für diese Fähigkeiten finden, wenn wir zu der Betrachtung der künstlichen Klasse kommen.

Wenn wir von einem guten oder einem bösen Elementarwesen (elemental) lesen, dann muss entweder eine künstliche Elementarform oder eine der vielen Arten Natur-Geister (naturespirits) gemeint sein, denn das Elementar-Reich als solches kennt nicht den Begriff gut oder böse.

Unzweifelhaft ist es jedoch, dass eine Art Stimmung oder Neigung alle Abteilungen durchdringt, die es bewirkt, dass sie sich gegen die Menschen eher feindlich als freundlich stellen. Jeder Neuling weiß dies, denn in den meisten Fällen ist seine erste Erfahrung auf der Astralebene, dass er sich von einer großen Schaar Proteus-artiger Gestalten umgeben findet, die in drohender Geberde auf ihn eindringen zu wollen scheinen, die sich aber stets zurückziehen oder harmlos zerstreuen, wenn er ihnen energisch entgegentritt. Dieser merkwürdigen Stimmung muss ihr oben erwähntes verzerrtes unerfreuliches Äußere zugeschoben werden, und Schriftsteller des Mittelalters berichten uns, dass die Menschen sich selbst dies zuzuschreiben hätten. In dem goldenen Zeitalter vor dieser düstern Gegenwart waren die Menschen im Allgemeinen geistiger, weniger selbstsüchtig veranlagt, und damals waren diese *Elementalwesen* (*elementals*) in Folge dessen freundlicher; jetzt sind sie es nicht mehr, da die Menschen wenig Sympathie für andere lebende Wesen haben, da sie gleichgültig gegen sie geworden sind.

Bei der wunderbaren Empfänglichkeit und Reaktionsfähigkeit der Essenz für die leisesten Gedanken, Wünsche und Begierden ist es leicht erklärlich, dass dieses Elementarreich als Ganzes das geworden ist, was die Denkungsart der Menschen aus ihm gemacht hat. Jeder der einen Augenblick darüber nachdenkt, wie wenig erhebend das Gesamtergebnis der Gedanken der jetzigen Menschheit sein muss, wird wenig Grund zur Verwunderung darüber finden, dass wir ernten, was wir säen, und dass diese Essenz, die sich keine eigene Vorstellung machen kann, sondern nur blindlings empfängt und zurückstrahlt, was auf sie ausgestrahlt wird, im Allgemeinen unfreundliche Charakter-Eigentümlichkeiten zeigt.

Ganz zweifellos wird in späteren Rassen oder Runden, wenn die Menschheit als Ganzes eine höhere Stufe erklommen hat, auch die Elementarreiche durch die veränderte Denkweise, die stetig auf sie einwirkt, sich mit ändern, und wir werden sie nicht mehr länger feindlich finden, sondern gelehrig und hilfreich; dasselbe wird wohl später auch mit dem Tierreich stattfinden.

Wie es auch in der Vergangenheit gewesen sein mag, es ist einleuchtend, dass wir in Zukunft einem sehr erträglichen *goldenen Zeitalter* entgegensehen können, wenn die Mehrzahl der Menschen edel und selbstlos sein wird, und die Kräfte der Natur bereitwillig mit ihnen zusammen wirken werden.

Die Tatsache, dass wir imstande sind, die Elementarreiche so leicht zu beeinflussen, zeigt uns zugleich, dass wir ihnen gegenüber eine Verantwortung für die Art und Weise haben, wie wir diesen Einfluss betätigen. Ganz sicher scheint es, wenn wir die Bedingungen bedenken, unter denen sie existieren, dass die Wirkung, die die Gedanken und die Wünsche und Begierden aller intelligenten Geschöpfe, die mit ihnen dieselbe Welt bewohnen, auf sie ausüben, in dem Plan unsres Systems als ein Faktor in der Entwicklung mit in Anschlag gebracht worden sein muss.

Trotz der übereinstimmenden Belehrung durch alle großen Religionen ist die Masse der Menschen noch äußerst unbedachtsam in Betreff ihrer Verantwortlichkeit in der Sphäre des Denkens; wenn ein Mensch sich schmeicheln kann, dass seine Worte und Taten für andere harmlos gewesen sind, dann glaubt er, alles getan zu haben, was man von ihm verlangen kann, und er ist sich der Tatsache gar nicht bewusst, dass er vielleicht jahrelang einen beengenden und erniedrigenden Einfluss auf den Geist seiner Umgebung ausgeübt, dass er den Raum um ihn her mit unerfreulichen Geschöpfen seines düstern Geistes angefüllt hat. Eine noch ernstere Seite dieser Frage wird sich uns zeigen, wenn wir die künstlichen Elementarformen selbst besprechen; aber in Beziehung auf die Essenz wird es genügen, festzustellen, dass wir unzweifelhaft die Macht haben, ihre Entwicklung zu beschleunigen oder zu verzögern, je nach dem Gebrauch, den wir bewusst oder unbewusst fortwährend von ihr machen.

Es würde ein hoffnungsloser Versuch sein, in den Grenzen einer solchen Abhandlung, wie diese, zu erklären, welchen verschiedenen Gebrauch jemand, der in deren Anwendung geschult ist, von den Kräften, die diesen mannigfaltigen Arten elementarer Essenz innewohnen, machen kann. Die große Mehrzahl aller magischen Praktiken bestehen fast nur in deren Handhabung, entweder direkt durch Anwendung des Willens des Magiers, oder durch bestimmte Astralwesen, die er für diesen Zweck geschaffen hat.

Vermittelst dieser Elementaressenz werden fast alle physikalischen Phänomen in den Sitzungszimmern hervorgerufen, und sie ist es ebenfalls, die in den meisten Fällen das Steinwerfen – das Glockenläuten, usw., in den Spukhäusern bewirkt; solche Erscheinungen werden entweder durch die unsicheren plumpen Anstrengungen einer erdgebundenen menschlichen Wesenheit hervorgerufen, um die Aufmerksamkeit auf sich zu ziehen, oder durch die rein schadenfrohen Streiche niedriger Naturgeister, die zu unsrer dritten Klasse gehören. Aber nie darf man die Elementaressenz selbst als den Urheber ansehen; es ist einfach eine schlummernde, *latente* Kraft, die einer äußeren Einwirkung bedarf, um in Tätigkeit zu treten.

Wenn gleich alle Klassen der Essenz die Fähigkeit haben, Bilder des Astrallichts zurückzustrahlen, so ist es doch erwähnenswert, dass es einige Arten gibt, die gewisse Eindrücke sehr viel leichter aufnehmen als andere, – die gleichsam besondere Lieblingsformen haben, in welche sie nach einer Störung von selbst wieder zurückfallen, wenn sie nicht energisch gezwungen werden, eine andere anzunehmen, und solche Formen sind um ein Geringes weniger Vergänglich als die Übrigen.

Vordem wir diesen Teil unseres Gegenstandes verlassen, möchte ich den Leser vor einer Gedanken-Verwirrung warnen, in die einige geraten sind, weil sie diese Elementaressenz, die wir hier betrachten, nicht von der monadischen Essenz unterschieden haben, die sich durch das Mineralreich betätigt.

Man muss festhalten, dass die monadische Essenz auf einer Stufe ihrer Entwicklung bis zur Menschheit sich durch das Elementarreich, auf einer späteren Stufe durch das Mineralreich manifestiert; aber die Tatsache, dass zwei Teile monadischer Essenz auf verschiedenen Entwicklungsstufen zu gleicher Zeit in Tätigkeit sind, und dass die eine dieser Manifestationen (das *Erd-Elementarwesen*) denselben Raum einnimmt, wie die andere, und diesen bewohnt (sagen wir einen Felsen), stört in keiner Weise die Entwicklung des einen wie des anderen, noch hat der eine Teil der monadischen Essenz irgendeine Beziehung zu der anderen.

Der Felsen wird außerdem noch durchdrungen von der ihm eigenen Abart des allgegenwärtigen Lebensprinzips, aber auch diese ist wieder vollständig verschieden von beiden obenerwähnten Essenzen. –

2. Die Astralkörper der Tiere

Diese bilden eine sehr umfangreiche Klasse, doch nimmt sie keine besonders wichtige Stellung auf der Astralebene ein, da ihre Mitglieder gewöhnlich nur sehr kurze Zeit dort verbleiben.

Die große Mehrheit der Tiere hat bis jetzt noch keine dauernde Individualisation erlangt, und wenn eins von ihnen stirbt, fließt die monadische Essenz, die sich in ihm manifestiert hat, wieder zu der besonderen Eigenart derselben zurück, von der sie sich zeitweilig abgesondert hatte, bringt den Fortschritt oder die Erfahrung mit, die sie während dieses Lebens erworben hat.

Sie ist jedoch nicht imstande, dies sofort zu tun, der Astralkörper des Tieres gestaltet sich um, gerade wie der des Menschen, und das Tier keimt wirklich ein astrales Dasein, dessen Länge, die übrigens nie sehr groß ist, sich nach dem Entwicklungsgrad der Intelligenz richtet.

In den meisten Fällen hat es wohl nur ein traumartiges Bewusstsein, aber es erscheint vollkommen glücklich.

Die verhältnismäßig wenigen Haustiere, die schon Individualität erlangt haben und deshalb nicht mehr als Tiere auf diese Welt zurückkehren, haben ein viel längeres und viel intensiveres Leben auf der Astralebene, als ihre weniger fortgeschrittenen Genossen, und sinken, wenn dies zu Ende, allmählich in einen subjektiven Zustand, der wohl eine sehr beträchtliche Zeit andauern wird.

Eine interessante Unterabteilung dieser Klasse besteht aus den Astralkörpern, der in der Geheimlehre (I. 206/7) erwähnten Anthropoiden, die schon individualisiert und weit genug sind in der nächsten Runde oder in einzelnen Fällen sogar vielleicht schon früher sich als Menschen zu verkörpern.

3. Natur-Geister (nature-spirits) aller Arten

Es gibt so viele Abteilungen dieser Klasse und so verschieden sind sie, dass man eine eigene Abhandlung über diesen Gegenstand allein schreiben müsste, wenn man ihm nur einigermaßen gerecht werden wollte.

Aber einige Eigentümlichkeiten haben sie alle gemein, und es wird genügen, wenn wir versuchen, von diesen wenigstens eine Idee zu geben.

Zunächst haben wir uns klar zu machen, dass wir es hier mit Wesenheiten zu tun haben, die sich von Grund aus von allen bisher betrachteten unterscheiden. Wenn wir auch mit Recht die Elementaressenz und die Astralkörper der Tiere nicht in die Klasse der menschlichen Astralwesen rechnen, so wird sich doch die monadische Essenz, die in diesem wirkt, ihrer Zeit einmal so weit entwickeln, dass sie sich durch eine zukünftige Menschheit manifestiert, die mit der unsern vergleichbar ist; und wenn wir imstande wären, unsere Entwicklung im Taufe zahlloser Zeitepochen in vergangenen Welt-Zyklen zu überblicken, dann würden wir sehen, dass dasjenige, was wir jetzt Mensch nennen, auf seinem Aufstieg ähnliche Stufen durchschritten hat.

Dies trifft aber nicht zu bei dem umfassenden Reich der Naturgeister; sie sind nie Mitglieder des Menschengeschlechts, wie das unsere, gewesen, noch werden sie es je werden; ihre Linie der Entwicklung verläuft ganz getrennt von der unseren, und ihre einzige Gemeinschaft mit uns besteht darin, dass sie auf demselben Planeten wie wir wohnen.

Da wir nun Nachbarn sind, so schulden wir uns gegenseitig natürlich nachbarliche freundliche Gefühle, wenn wir zufällig zusammentreffen; unsere Linien der Entwicklung unterscheiden sich jedoch so sehr voneinander, dass wir nur wenig für einander tun können.

Manche Schriftsteller haben diese Geister den Elementarwesen zugerechnet, doch in Wirklichkeit sind sie die Elementarwesen (oder wohl genauer, die Tiere) einer höheren Entwicklung.

Wenn sie auch auf einer viel höheren Stufe stehen, als unsere Elementar-Essenz, so haben sie doch mit dieser manche Eigentümlichkeiten gemein; z. B. sind sie auch in sieben große Klassen geteilt, die gleicherweise die resp. sieben Zustände oder Grade der Materie bewohnen, wie die entsprechenden Arten der Essenz. So gibt es, um die zu nennen, die uns am leichtesten verständlich sind, Erde-, Wasser-, Luft- und Feuer- (Äher-) Geister – bestimmte intelligente Astralwesen, die in je einem dieser Grad der Materie sich aufhalten und funktionieren.

Man wird vielleicht fragen, wie ist es möglich, dass irgendeine Art Geschöpf die feste Substanz eines Felsens oder eines anderen Teils der Erdrinde bewohnt? Die Antwort darauf ist: da die Natur-Geister aus Astral-Materie bestehen, so ist die Substanz des Felsens kein Hindernis für ihre Bewegung oder für ihren Ausblick; die physische Materie in ihrem festen Zustand ist ihr natürliches Element, das einzige, an das sie gewöhnt sind und in dem sie sich zu Hause fühlen. Dasselbe gilt natürlich für die, welche im Wasser, in der Luft, im Äther leben.

In der Literatur des Mittelalters werden die Erdgeister oft Gnomen genannt, die Wassergeister Undinen, die Luftgeister Sylphen und die Äthergeister Salamander. Im Volksmunde gibt es viele Namen für sie: Feen, Nixen, Elfen, Heinzelmännchen, Pperis, Satyrn, Faune, Kobolde, Nymphen, usw., usw.; mit einigen dieser Namen bezeichnet man je eine besondere Art, andere wendet man auf alle ohne Unterschied an.

Sie sind von mannigfacher, verschiedenartiger Gestalt, doch ähneln sie meistens der menschlichen Form, nur sind sie kleiner als diese. Wie fast alle Bewohner der Astralebene können sie nach Willkür jede äußere Erscheinung annehmen; aber unzweifelhaft hat jeder seine eigene Gestalt, oder wir sollten lieber sagen, seine Lieblingsgestalt, in der er lebt, wenn er nicht einen speziellen Grund hat, eine andere anzunehmen. Unter gewöhnlichen Umständen sind sie für das physische Auge nicht sichtbar, aber sie haben die Fähigkeit, sich bis zur Sichtbarkeit zu materialisieren, wenn sie gesehen sein wollen.

Es gibt unter diesen Naturgeistern eine sehr große Anzahl von Arten oder Rassen und die Individuen dieser Rassen sind ebenso verschieden an Intelligenz und Anlage und Charakter wie die Menschen. Sie ziehen im Allgemeinen vor die Menschen ganz und gar zu meiden; deren Gewohnheiten und Ausdünstungen (die Aura) sind ihnen meistens sehr zuwider, der fortwährende Ungestüm der Astral-Ströme, die der Menschen rastlose, schlecht beherrschte Wünsche und Begierden in Gang setzt, stört und belästigt sie. Auf der anderen Seite fehlt es nicht an Beispielen, dass sich Naturgeister mit Menschen so zu sagen angefreundet haben und ihnen Dienste leisteten, so viel in ihrer Macht stand, ähnlich wie in den bekannten Geschichten von schottischen Heinzelmännchen und anderen Berichten erzählt wird.

Diese Hilfsbereitschaft ist jedoch verhältnismäßig selten; in den meisten Fällen, wenn sie mit Menschen in Berührung kommen, zeigen sie Gleichgültigkeit oder gar Abneigung; oder macht es ihnen boshafte Freude, sie zu täuschen und ihnen kindische Possen zu spielen. In fast allen einsamen Berggegenden gibt es im Volksmunde eine Menge Erzählungen, die diese merkwürdige Eigentümlichkeit gut illustrieren und jeder, der oft spiritistische Sitzungen für physische Phänomene besucht hat, wird sich solcher Beispiele spaßhafter oder einfältiger, wenn auch meistens gutartiger grober Scherze erinnern, die fast immer die Anwesenheit von Naturgeistern niederen Ranges kennzeichnen.

Sie werden in ihren Streichen sehr von der wunderbaren Fähigkeit unterstützt, diejenigen zu verwirren und zu verblenden, die ihrem Einfluss unterworfen sind, sodass solche Opfer zurzeit nur das sehen und hören, was diese Kobolde wollen; genau wie ein Hypnotisierter das hört, sieht, fühlt und glaubt, was der Hypnotiseur wünscht. Die Naturgeister haben jedoch nicht die Macht des Hypnotiseurs über den menschlichen Willen, ausgenommen bei Leuten von ganz ungewöhnlich schwachem Verstande oder bei solchen, die sich einem Zustand hilflosen Schreckens so vollständig hingeben, dass sie ihren Willen zeitweilig ganz verlieren. Sie können nichts weiter tun, als die Sinne täuschen; aber in dieser Kunst sind sie wahrhaft Meister, und es gibt Fälle, wo sie eine beträchtliche Menge Menschen auf einmal verblendet haben. Durch Beschwörung solcher Naturgeister, ihnen durch diese spezielle Macht zu helfen, bringen die indischen Gaukler die wunderbarsten Kunststücke fertig; — die ganze Zuhörerschaft erliegt tatsächlich einer Halluzination und wird zu der Einbildung gezwungen, sie sähen und hörten eine ganze Reihe von Vorgängen, die in Wirklichkeit gar nicht stattgefunden haben:

Wir können die Naturgeister fast wie eine Art astraler Menschen ansehen, bis auf den Umstand, dass keiner von ihnen – auch nicht die höchsten – eine dauernde, sich wiederverkörpernde Individualität besitzt. Augenscheinlich ist ein Punkt, in dem ihre Linie der Entwicklung sich von der unsern unterscheidet, der, dass viel größere Intelligenz sich entwickelt, vor dem dauernde Individualisation stattfindet; aber über die Stufen, die sie schon überschritten haben und die noch vor ihnen liegen, können wir nur wenig wissen.

Die Lebenszeit in den verschiedenen Abteilungen variiert sehr; bei einigen ist sie sehr kurz, bei anderen wieder viel länger, als die menschliche. Wir stehen solchen Wesen so ganz fremd gegenüber, dass es uns unmöglich ist, viel von ihrer Lebensweise zu verstehen; aber im großen Ganzen ist es wohl ein einfaches, vergnügtes, unverantwortliches Dasein, vielleicht ähnlich, wie das Leben eines Haufens glücklicher Kinder unter ausnahmsweise günstigen physischen Bedingungen.

Wenn auch aufgelegt zu Possen und Streichen, sind sie doch selten boshaft, wenn sie nicht durch ungerechtfertigte Anmaßung oder Belästigung herausgefordert werden; aber als Gesammtheit nehmen sie bis zu einem gewissen Grad teil an dem universellen Gefühl des Misstrauens gegen die Menschheit, und im Allgemeinen scheinen sie geneigt, die erste Erscheinung eines neuen Schülers auf der Astralebene unangenehm zu empfinden, sodass er sie gewöhnlich zuerst unter irgendeiner unerfreulichen oder erschreckenden Gestalt kennenlernt. Wenn er sich jedoch nicht darauf einlässt, sich durch ihre Einfälle schrecken zu lassen, dann lassen sie sich ihn bald als ein notwendiges Übel gefallen und nehmen keine weitere Notiz von ihm, während einige unter ihnen vielleicht im Laufe der Zeit sich ihm freundlich erweisen und Freude zeigen, mit ihm zusammenzutreffen.

Einige Arten dieser Klasse sind sehr viel weniger kindlich, sind würdevoller, als die bisher beschriebenen; und zu diesen gehören die Wesen, die manchmal unter dem Namen von Waldgöttern oder lokalen Dorf-Göttern verehrt werden.

Solche Wesen scheinen der Schmeichelei, die in der ihnen erwiesenen Verehrung liegt, sehr zugänglich und sich darüber zu freuen, auch gern bereit zu sein, so weit sie vermögen, sich mit kleinen Diensten dankbar zu erweisen. (Der Dorf-Gott ist auch oft ein künstliches Elementarwesen; aber diese Abart wird an geeigneter Stelle zur Besprechung kommen.)

Der Adept weiß, wie er die Dienste der Naturgeister sich zu Nutze machen kann, wenn er ihrer bedarf; aber die gewöhnlichen Magier können ihren Beistand nur durch die Zeremonie der Anrufung (Invokation) oder – der Beschwörung, des Zitierens (Evokation) erlangen; – das will sagen entweder dadurch, dass er als Bittsteller ihre Aufmerksamkeit auf sich zieht und irgendeine Art Handel mit ihnen abschließt, – oder dass er versucht, Einflüsse in Bewegung zu setzen, die ihren Gehorsam erzwingen. Beide Methoden sind unratsam, und die letztere ist sogar sehr gefährlich, da der Beschwörer eine große Feindschaft entfacht, die ihm sehr verhängnisvoll werden kann. Es ist wohl kaum nötig zu erwähnen, dass keinem, von einem wirklichen Meister in den Okkultismus eingeführten Schüler gestattet ist, irgendetwas dergleichen zu unternehmen.

4. Die Devas

Das höchste System der Entwicklung, das mit dieser Erde in Verbindung steht, ist, so weit wir wissen, das einer eigenen Art von Wesen, die von den Hindus Devas genannt werden, anderwärts auch wohl Engel, Söhne Gottes, usw. Sie können in Wirklichkeit als ein Reich, zunächst über der Menschheit, betrachtet werden; in derselben Weise etwa, wie die Menschheit ihrerseits zunächst über dem Tierreich rangiert, nur mit dem wichtigen Unterschied, dass während für das Tier, so weit wir wissen, keine Möglichkeit der Entwicklung durch ein anderes Reich hindurch als durch das der Menschheit existiert, dem Menschen auf einer gewissen hohen Stufe verschiedene Pfade des Fortschritts offen stehen, von welchem diese große Deva-Entwicklung nur einer ist.

Im Vergleich zu der erhabenen Verzichtleistung des Nirmanakayas wird in manchen Büchern von der *Versuchung, ein Gott zu werden*, gesprochen, der die unterlegen sind, die den soeben erwähnten Pfad der Entwicklung einschlagen; aber man darf aus dieser Ausdrucksweise nicht folgern, dass auch nur der

Schatten eines Tadels auf den fällt, der diese Wahl trifft. Der Pfad, den er einschlägt, ist nicht der kürzeste, aber trotzdem ist er ein sehr edler und hoher und wenn seine hoch entwickelte Intuition ihn dazu treibt, dann ist es jedenfalls der Beste, der sich für seine Fähigkeiten eignet. Wir müssen nie vergessen, dass wie im physischen, so auch im geistigen Klimmen nicht jeder die Schwierigkeiten des steilsten Weges auf sich nehmen kann; es gibt gewiss viele, für die der scheinbar langsame Weg der einzig mögliche ist, und wir würden unwürdige Nachfolger unserer großen Lehrer sein, wenn wir uns in unserer Unwissenheit zu dem leisesten verächtlichen Gedanken gegen die verführen ließen, deren Wahl eine andere ist als die unsere.

Welchen Grad des Zutrauens uns auch diese Unwissenheit in Betreff der Schwierigkeiten der kommenden Zeiten gestatten mag, zu empfinden, so ist es uns doch unmöglich auf unserer jetzigen Stufe, zu sagen, wessen wir uns fähig fühlen werden, wenn wir nach manchem Leben geduldigen Ringens und Kämpfens nun das Recht erlangt haben, unsere eigene Zukunft zu wählen; und wahrlich selbst die, welche *der Versuchung nachgeben, Götter zu werden*, haben eine Laufbahn vor sich, die glänzend genug ist, wie sich bald zeigen wird.

Um möglichen Missverständnissen zu begegnen, mag nebenbei bemerkt werden, dass in den Büchern diesem Ausdruck *ein Gott werden* manchmal eine ganz andere und zwar eine ganz böse Bedeutung beigelegt wird, aber in diesem Sinne könnte es nie irgendeine Versuchung für den entwickelten Menschen sein, und jedenfalls hat diese Bedeutung mit unserem jetzigen Gegenstand gar nichts zu tun.

In der Literatur des Ostens wird das Wort „Deva" häufig ganz allgemein auf alle Arten nichtmenschlicher Wesen angewandt, sodass es einerseits große Gottheiten, und anderseits Naturgeister, wie auch künstliche Elementar-Formen einschließt. Hier soll nur die großartige Stufe der Entwicklung darunter verstanden werden, die wir jetzt betrachten.

Obgleich die Devas mit unserer Erde in Verbindung stehen, so sind sie doch keineswegs an diese gefesselt; denn unsere gegenwärtige Kette von sieben Welten als Ganzes ist für sie eine Welt und ihre Entwicklung geht innerhalb eines großartigen Systems aller sieben Ketten vor sich. Ihre Schaaren haben sich bis jetzt hauptsächlich aus anderen Menschheiten im Sonnensystem teils höheren, teils niederen, als die unsere, rekrutiert, da erst ein sehr kleiner Bruchteil unserer eigenen bis jetzt die Stufe erreicht hat, auf der es möglich ist, sich ihnen einzureihen; aber es scheint sicher, dass der Aufstieg einiger ihrer sehr zahlreichen Klassen nie durch irgendeine Menschheit hindurchgeführt hat, die mit der unsern irgendwie vergleichbar ist.

Es ist gegenwärtig nicht möglich, uns von ihnen ein klares Bild zu machen; aber soviel ist sicher, dass das, was als das Ziel ihrer Entwicklung bezeichnet werden kann, beträchtlich höher ist, als unser Ziel; das will sagen, während der Zweck unsrer menschlichen Evolution ist, den erfolgreichen Teil der Menschheit gegen Ende der siebenten Runde auf eine gewisse Stufe der okkulten Entwicklung zu heben, ist es das Ziel der Deva-Evolution, ihre vordersten Reihen in derselben Periode auf eine viel höhere Staffel steigen zu lassen; für sie sowohl wie für uns steht dem ernstlichen Bemühen ein steilerer, aber kürzerer Weg zu noch erhabeneren Höhen offen; aber was solche Höhen in Wirklichkeit bedeuten, können wir nur mutmaßen.

Es sind nur die niedrigeren Reihen dieser erhabenen Körperschaft, die wir hier in Verbindung mit unserm Gegenstand, der Astralebene, zu erwähnen haben. Die drei niedrigsten Abteilungen werden (von unten angefangen) gewöhnlich die Kamadevas, Rupadevas und Arupadevas genannt. Gerade wie unser gewöhnlicher Körper hier – der niedrigste für uns mögliche – der physische ist, so ist der gewöhnliche Körper eines Kamadeva der astrale; der Deva befindet sich etwa in derselben Tage, wie die Menschheit, wenn sie den Planet* erreicht hat; und während er gewöhnlich in einem Astralkörper lebt, würde er, um aus ihm heraus in höhere Sphären zu gehen, seinen Mentalkörper benutzen, gerade wie wir es in unserem Astralkörper tun; es würde für ihn, wenn er genügend weit entwickelt ist, keine größere Anstrengung kosten, seinen Kausalkörper zu benutzen, wie für uns den Mentalkörper.

In derselben Weise ist der gewöhnliche Körper der Rupadevas der mentale, da er seinen Aufenthalt auf den vier niederen oder Rupa-Stufen dieser Ebene hat, während der Arupadeva zu den drei höheren gehört und keine andere körperliche Behausung besitzt, als den Kausalkörper. Aber für den Rupa- wie für den Arupadeva ist es ein wenigstens ebenso seltenes Ereignis, sich auf der Astralebene zu manifestieren, als es vorkommt, dass Astralwesen sich auf dieser physischen Ebene materialisieren; deshalb brauchen wir sie hier nur nebenbei zu erwähnen.

Was die niederste Klasse betrifft — die Kamadevas –, so würde es ein vollständiger Irrtum sein, anzunehmen, dass sie alle unermesslich höher ständen, als wir, da einige aus einer Menschheit, die in einigen Hinsichten tiefer steht, als die unsere, in deren Reihen eingetreten sind. Der allgemeine Durchschnitt jedoch ist bei ihnen viel höher, als bei uns, denn alles tatsächliche und absichtliche Böse haben sie längst ausgemerzt; aber sie sind ihren Anlagen nach sehr verschieden Und ein wirklich edler, selbstloser, spirituell gesinnter Mensch wird wohl auf der Stufenleiter der Entwicklung höher stehen, als mancher der ihren.

Ihre Aufmerksamkeit kann durch bestimmte magische Beschwörungen herbeigezogen werden; aber unter den Men-

---

*) Vergl. A. P. Sinnett, „Esoterische Lehre."

schen ist nur eine gewisse hohe Klasse von Adepten imstande, durch ihren Willen, den ihrigen zu beherrschen. Der Regel nach scheinen sie sich Unserer auf der physischen Ebene gar nicht bewusst zu sein; aber es kommt hier wieder vor, dass der eine oder der andere irgendwelche Schwierigkeiten eines Menschen gewahr wird, die dann sein Mitleid wachrufen, und er leistet dann irgendwelche Hilfe, gerade wie einer von uns etwa einem Tier zu helfen sucht, das er in Not sieht. Aber sie sind sich darüber klar, dass irgendeine Einmischung in menschliche Angelegenheiten auf unserer jetzigen Stufe mehr Schaden als Nutzen bringen würde.

Über den Urupadevas gibt es dann noch andere große Abteilungen und wiederum über diesen, und jenseits des ganzen Devareiches überhaupt, befindet sich die große Schaar der Planeten-Geister: aber die Betrachtung solche herrlicher, erhobener Wesen würde in einem Essay über die Astralebene nicht am Platz sein.

Obgleich wir sie nicht als zu einer Unserer Klassen gehörig ansprechen können, so ist doch hier vielleicht der beste platz, um die wundervollen, wichtigen Wesen zu erwähnen, die vier Devarâjas. In diesem Namen darf das Wort *Deva* jedoch nicht in dem Sinne aufgefasst werden, in welchem wir es bisher gebraucht haben, denn es ist nicht das Devareich, sondern es sind die vier Elemente, Erde, Wasser, Luft und Feuer mit ihren in ihnen wohnenden Naturgeistern und Elementaressenzen, über die diese vier Könige regieren. Welche Art von Entwicklung sie durchgemacht haben, um ihre gegenwärtige Höhe der Macht zu erreichen, können wir nicht sagen; nur das ist sicher, dass sie niemals auf einer ähnlichen Stufe waren, die unserer Menschheit entspräche.

Sie werden oft erwähnt als die Regenten der Erde, oder die Engel der vier Hauptpunkte; die Hindus bezeichnen sie zusammen als die Chatur-Mahârâjas und geben ihnen die speziellen Namen: Dhritarâshtra, Virûdhaka, Virûpaksha und Vaishrâvana. In denselben Büchern nennen sie die Schaaren der Elementarwesen resp. Gandharvas, Kumbhandas, Nâgas und Nakshas; die vier Weltrichtungen, die den Wesen zugesprochen werden, sind in betr. Reihenfolge: Osten, Süden, Westen und Norden, und ihre symbolischen Farben: weiß, blau, rot und gold. Sie werden in der Geheimlehre von H. P· Blavatsky als *beschwingte Weltkugeln und feurige Räder* bezeichnet und in der christlichen Bibel macht Hesekiel einen sehr bemerkenswerten Versuch, eine Beschreibung von ihnen zu geben, in der sehr ähnliche Bezeichnungen gebraucht werden. Hindeutungen auf sie finden wir in der Symbologie jeder Religion, und immer hat man ihnen die höchste Verehrung als den Beschützern der Menschheit entgegengebracht!

Sie sind es, die als Vermittler oder Agenten des Karmas der Menschen während ihres Lebens auf Erden wirken; sie spielen also eine außerordentlich wichtige Rolle in dem menschlichen Schicksal. Die großen karmischen Gottheiten des Kosmos (in der „Geheimlehre" die Tipika genannt) wägen die Taten jeder Persönlichkeit, wenn die endgültige Trennung ihrer Grundteile am Ende des Astrallebens stattfindet, und gestalten, sozusagen, das Modell eines ätherischen Körpers, das genau den Anforderungen des Karmas bei der nächsten Geburt des Menschen entspricht; die Devarâjas ihrerseits, die die Herrschaft über die Elemente besitzen, von welchen der betr. Ätherkörper zusammengesetzt werden muss, bewirken deren richtiges Verhältnis zu einander, damit die Absichten der Tipika genau erfüllt werden.

Ebenso wachen diese Devarâjas über aller Leben, bringen die Abweichungen ins Gleiche, die fortwährend in dem Zustand des Menschen durch seinen eigenen freien Willen und dem seiner Umgebung hervorgerufen werden, sodass keine Ungerechtigkeit geschieht und sich Karma, wenn nicht auf diesem

Wege, dann auf einem anderen genau auswirkt. Eine gelehrte Abhandlung über diese bewunderungswürdigen Wesen findet sich in der „Geheimlehre" I. 147 – 153 (engl. erste Ausgabe I. 122–126). Sie können, falls sie wollen, menschliche materielle Gestalt annehmen, und es werden auch verschiedene Fälle berichtet, wo sie es getan baben.

Alle die höheren Naturgeister und Schaaren von künstlichen Elementarformen wirken als ihre Vermittler bei dem überwältigend großen Werk, das sie vollführen; doch liegen alle Fäden in ihren Händen und die ganze Verantwortung lastet auf ihnen allein.

Nicht häufig betätigen sie sich auf der Astralebene; wenn es jedoch vorkommt, so sind sie jedenfalls die Bemerkenswertesten unter den nicht-menschlichen Bewohnern. Einem Schüler des Okkultismus braucht es nicht erst gesagt zu werden, dass es in Wirklichkeit sieben und nicht vier Devarâjas geben muss, da es sieben große Klassen sowohl von Naturgeistern wie von Elementar-Essenzen gibt; aber außerhalb des Kreises der Eingeweihten ist von den drei höheren wenig bekannt, und noch weniger kann über sie berichtet werden.

III. Die künstlichen Wesenheiten
(Elementarformen, künstliche Elementarwesen)

Diese bilden die umfangreichste Klasse der astralen Wesenheiten und sind zugleich die wichtigsten für den Menschen. Ganz und gar seine eigenen Geschöpfe, sind sie mit ihm durch die engsten karmischen Bande verknüpft, und wirken auf ihn direkt und unaufhörlich ein.

Sie bilden eine fortwährend neu entstehende, enorme Menge halbintelligenter Wesenheiten, die so verschieden sind, wie die menschlichen Gedanken, und die sich praktisch kaum in Klassen ordnen lassen. Die einzige Einteilung, die mit Nutzen gemacht werden könnte, ist die, die künstlichen Elementarformen, welche der größte Teil der Menschen unbewusst hervorruft, von denen abzutrennen, die von Magiern mit bestimmter Absicht gebildet werden; während wir zu einer dritten Klasse die sehr kleine Zahl künstlich gestalteter Wesenheiten ausscheiden, die überhaupt keine Elementarformen sind.

I. Unbewusst hervorgerufene Elementarformen

Es ist schon erwähnt worden, dass die Elementaressenz, die uns auf allen Seiten umgibt, in allen ihren zahllosen Arten auf ganz eigenartige Weise für den Einfluss menschlicher Gedanken empfänglich ist. Dass selbst ein gelegentlicher, flüchtiger Gedanke sie veranlasst, eine Wolke von sich äußerst schnell bewegenden und schnell verschwindenden Formen zu bilden, ist schon hervorgehoben; wir haben nur zu zeigen, wie die Wirkung sich gestaltet, wenn der menschliche Geist einen bestimmten, überlegten Gedanken oder Wunsch fasst.

Die erzielte Wirkung ist sehr ausfallend. Der Gedanke bemächtigt sich der bildsamen Essenz und gestaltet sie augenblicklich zu einem lebenden Wesen von entsprechender Form, ein Wesen, das einmal geschaffen, in keiner Weise mehr der Herrschaft seines Schöpfers unterworfen ist, sondern ein Leben für sich führt, dessen Länge im Verhältnis zur Intensität des Gedankens oder des Wunsches steht, der ihn ins Dasein gerufen. Es dauert tatsächlich genau so lange an, wie die Gedankenkraft es zusammenhält.

Die Gedanken der meisten sind so flüchtig Und unentschieden, dass die dadurch erschaffenen Elementarformen nur die Lebenszeit einiger Minuten oder weniger Stunden haben; ein oft wiederholter Gedanke dagegen oder ein ernster Wunsch gestaltet eine Form, deren Dasein oft viele Tage dauert.

Da die Gedanken der gewöhnlichen Menschen sich meistenteils auf letztere selbst beziehen, so schweben die Formen, die sie hervorrufen, dauernd um sie her und haben fortwährend die Neigung, sie zu einer Wiederholung des Gedankens, den sie in sich tragen, zu reizen, da solche Wiederholungen, anstatt neue Formen zu bilden, die alten kräftigen und ihnen eine weitere Daseinsfrist gewähren.

Ein Mensch, der wiederholt intensiv einem Wunsche nachhängt, gestaltet sich daher einen astralen Begleiter, der fortwährend aufs neue durch denselben Gedanken genährt wird, ihn jahrelang heimsuchen und immer mehr und mehr Kraft und Einfluss über ihn gewinnen wird; es ist leicht einzusehen, dass wenn der Wunsch kein guter ist, die Wirkung auf seine Moral und seinen Charakter äußerst schädlich sein muss.

Von noch hervorragenderer Wirkung, im Guten wie im Bösen, sind unsere Gedanken, die sich auf andere Menschen richten, denn in diesem Falle schweben die Formen nicht um den, der denkt, sondern um den Gegenstand der Gedanken. Ein freundliches Gedenken eines Anderen oder ein ernster Wunsch zu seinem Besten, gestaltet eine freundliche Elementarform, die sofort zu ihm eilt. Wenn der Wunsch ein ganz bestimmter ist, z. B. die Wiederherstellung von einer Krankheit, dann ist die Elementarform eine Kraft, die stets um ihn ist, um seine Genesung zu fördern, oder um alle Einflüsse abzuwehren, die sie hindern könnten. Es scheint dann so, als brächte sie eine große Intelligenz und Anpassungsfähigkeit in Anwendung, während sie in Wirklichkeit nur eine Kraft ist, die auf der Linie des geringsten Widerstandes wirkt; – denn sie drängt in der ganzen Zeit stetig in einer Richtung und macht sich jeden Kanal zunutze, den sie finden kann; gerade wie das Wasser in einem Bassin sofort unter zwölf geschlossenen Röhren, das eine offene findet und sich nun durch diese entleert.

Wenn der Wunsch sich nur unbestimmt auf das allgemeine Beste des Andern bezieht, entspricht die Elementar-Essenz, ihrer wunderbaren plastischen Natur nach, auch diesem weniger bestimmten Gedanken, und die geschaffene Form richtet ihre Kraft auf jeglichen Vorgang, der zum Besten des Menschen sich gerade am nächsten bietet. In allen Fällen hängt der Betrag solcher Kraft, den sie auszugeben vermag, und die Länge der Lebenszeit, in der sie sie ausgeben kann, allein von der Stärke des ursprünglichen Wunsches oder Gedankens ab, der sie entstehen ließ; nur muss man festhalten, dass sie sozusagen genährt und gekräftigt und ihre Lebenszeit verlängert werden kann, wenn ähnliche gute Wünsche oder freundliche Gedanken in derselben Richtung versandt werden.

Dazu kommt, dass die Formen, gerade wie die meisten anderen Wesen, von einem instinktiven Wunsch beseelt werden, ihr Leben zu verlängern, und so wirken sie auf ihren Schöpfer zurück, indem sie ihn fortwährend zur Erneuerung der Gefühle reizen, die sie ins Dasein gerufen haben. Sie beeinflussen in ähnlicher Weise auch andere, mit denen sie in Berührung kommen, doch ist ihr *Rapport* mit diesen natürlich nicht so vollkommen.

Alles was über die Wirkung guter Wünsche und freundlicher Gedanken gesagt worden ist, trifft auch in entgegengesetzer Richtung zu, in Betreff böser Wünsche und zorniger Gedanken, und bedenkt man, wie viel Neid, Hass, Bosheit und Lieblosigkeit in der Welt existiert, so wird man leicht verstehen, dass unter den künstlichen Elementarformen viele schreckliche Geschöpfe zu sehen sind. Ein Mensch, dessen Gedanken oder Begierden boshaft, brutal, sinnlich oder geizig sind, führt allerwärts, wohin er geht, eine pestartige Atmosphäre mit sich bevölkert mit entsetzlichen Wesen, die er selbst zu seinen Begleitern erschaffen hat. So ist er nicht nur in eigener traurig üblen Tage, sondern auch eine Gefahr der Verunreinigung für seine Mitmenschen; er unterwirft alle, die das Unglück haben, mit ihm in Berührung zu kommen, dem Risiko, durch den Einfluss seiner Abscheulichkeiten, mit denen er sich zu umgeben liebt, moralisch angesteckt zu werden.

Ein Gefühl des Neides oder des eifersüchtigen Hasses gegen jemand anders sendet eine böse Elementarform aus, unt über diesem zu schweben und nach einem schwachen Punkt zu suchen, von dem aus er auf ihn einwirken kann; und wenn dieses Gefühl ein andauerndes ist, wird ein solches Geschöpf fortwährend genährt und dadurch befähigt, seine unerwünschte Tätigkeit eine sehr lange Zeit fortzusetzen. Es kann jedoch auf die Person, gegen die es gerichtet ist, keine Wirkung ausüben, wenn diese nicht selbst irgendeine Schwäche besitzt, die ihm Zugang und Einwirkung gestattet, ihm sozusagen einen Stützpunkt für seinen Hebel bietet. Von der Aura eines Menschen von reinen Gedanken und edlem Leben prallen alle solche Einflüsse sofort ab, da sie nichts finden, an dem sie haften können, und in diesem Fall wirken sie, einem merkwürdigen Gesetze gemäß, in aller ihrer Kraft auf ihren Ursprünglichen Schöpfer zurück; in ihm, kann man annehmen, finden sie einen sehr geeigneten Wirkungskreis, und so wirkt sich das Karma seines bösen Wunsches sofort gerade durch das wesen aus, das er selbst ins Dasein gerufen.

Gelegentlich jedoch kommt es vor, dass eine Elementarform dieser Art aus verschiedenen Gründen seine Kraft weder an dem beabsichtigten Ziel noch an dem Schöpfer ausüben kann, und in solchen Fällen wird sie zu einer Art wandernder Dämon, der sehr leicht von einem Menschen angezogen wird, der sich ähnlichen Gefühlen hingibt, wie die, welche den Dämon entstehen ließen; und dieser facht dann diese Gefühle noch mehr an, um neue Kraft aus ihnen zu ziehen; oder er strömt seinen gesammelten üblen Einfluss durch jede schwache Stelle auf den Menschen aus, die er aufweisen mag. Wenn eine vorüberschwebende Larve (siehe S. 47) kräftig genug ist, dass es sich lohnt, von ihr Besitz zu ergreifen und in ihr zu hausen, so tut die Elementarform dies nicht selten, da der Besitz eines solch zeitweiligen Heims sie befähigt, ihre schrecklichen Hilfsmittel sorgfältiger zu hüten und zu pflegen. In dieser Form manifestiert sie sich manchmal durch ein Medium und indem sie die Rolle irgendeines wohl bekannten Freundes spielt, erhält sie zuweilen Einfluss auf Menschen, über die sie sonst wenig Gewalt haben würde.

Das soeben Mitgeteilte zeigt aufs Neue (ich wies schon früher darauf hin), wie wichtig es ist, dass wir unsere Gedanken unter strenger Kontrolle halten. Mancher wohlmeinende Mensch, der ängstlich darauf bedacht ist, seine Pflichten gegen seinen Nächsten in Wort und Tat zu erfüllen, ist sehr geneigt, zu glauben, dass seine Gedanken wenigstens niemand etwas angehn, als ihn selbst, und er lässt sie deshalb nach allen Richtungen umherschweifen und hat keine Ahnung davon, welche Schwärme verderblicher Geschöpfe er in die Welt sendet.

Auf einen solchen Menschen würde ein genaues Verständnis der Wirkung von Gedanken und Wünschen durch das

Hervorrufen von Elementarformen wie eine erschütternde Offenbarung wirken; andererseits würde ein solches Verstehen der größte Trost sein, für viele hingebende dankbare Seelen, die von dem Gefühl bedrückt werden, dass sie unfähig sind, irgendwie die Freundlichkeiten zu vergelten, die ihre Wohltäter ihnen erwiesen haben.

Denn freundliche Gedanken fassen, ernstliche gute Wünsche aussenden, können Arme ebenso leicht und so wirkungsvoll wie Reiche, und fast jeder ist imstande, wenn er sich nur die Mühe nehmen will, seinem Bruder oder seiner Schwester, seinem Freund oder seinem Kinde, dem, den er am meisten liebt, gleichviel wo in der Welt dieser sich befindet, stets einen guten Engel (wie wir ihn seiner Wirkung nach nennen können) zur Seite zu stellen und zu erhalten.

So manches Mal haben sich der Mutter liebende Gedanken und Gebete zu einem Schutzengel für das Kind gestaltet, und haben ihm unzweifelhaft Beistand und Schutz gewährt, ausgenommen den fast unmöglichen Fall, dass das Kind keinen Zug in seinem Charakter besaß, der dem guten Einfluss entgegenkam.

Eine merkwürdige Tatsache verdient hier Erwähnung; selbst nachdem die Mutter in die Himmelswelt eingegangen ist, wirkt die Liebe, die sie auf ihre Kinder ausströmt, in deren Kreis sie sich zu befinden glaubt, auf diese Kinder ein, obgleich sie noch auf dieser Welt leben, und kräftigt oft die Elementarform des Schutzes, die sie noch auf Erden geschaffen hatte, bis ihre Lieblinge ihrerseits selbst dahingehen.

Wie Frau Blavatsky bemerkt: »Ihre Liebe wird immer von den Kindern auf der Erde empfunden werden; sie wird sich in ihren Träumen offenbaren, so wie bei verschiedenen Gelegenheiten, – in fürsorglicher Beschützung und im Entgehen von

Gefahren; denn Liebe ist ein starker Hort und ist nicht begrenzt durch Raum und Zeit. Schlüssel zur Theosophie, S.106.

Jedoch darf nicht alles, was an Hilfe durch Schutzengel berichtet wird, dem Eingreifen von künstlichen Elementarformen zugeschrieben werden, denn in vielen Fällen sind diese *Engel* Seelen lebender oder kürzlich abgeschiedener menschlicher Wesen, auch gelegentlich, wenn auch selten, Devas (Siehe „Unsichtbare Helfer", S. 30.)

Diese Kraft, die ein ernster Wunsch besitzt, besonders wenn er häufig wiederholt wird, eine aktive Elementarform zu erschaffen, die energisch in der Richtung seiner eigenen Erfüllung drängt, ist die wissenschaftliche Erklärung von dem, was fromme, aber unphilosophische Menschen als Erfüllung des Gebets bezeichnen. Es gibt Fälle, wenn sie auch in jetziger Zeit seltener sind, dass das Karma der so betenden Person die direkte Hilfe eines Adepten oder seiner Schüler gestattet; es gibt auch eine noch seltenere Möglichkeit des Eingreifens eines Devas oder irgendeines freundlich gesinnten Naturgeistes; aber in allen diesen Fällen würde der leichteste und nächst liegendste Weg für solche Hilfe sein, die Form, die schon durch den Wunsch geschaffen ist, zu kräftigen und geschickt zu leiten.

Kürzlich wurde einem unserer Forscher ein sehr merkwürdiges und lehrreiches Beispiel für die unter günstigen Umständen außerordentlich lange Lebensdauer einer solchen Elementarform bekannt. Alle, die die Literatur über solche Gegenstände gelesen haben, wissen, dass von vielen unserer alten Familien erzählt wird, es träte bei ihnen seit alten Zeiten eine Art Todeswarnung auf, — ein Phänomen dieser oder jener Art, das gewöhnlich einige Tage vorher das herannahende Hinscheiden des Hauptes der Familie voraus verkünde. – Ein ästhetisches Beispiel hierfür ist die bekannte Sage vom weißen Vogel in der Familie von Oxenham, dessen Erscheinen von jeher, schon seit der Zeit der Königin Elisabeth, als eine sichere Voraussage des Todes eines Familienmitglieds angesehen wird. Ein anderes Beispiel ist die Geisterkutsche, die vor das Tor eines gewissen Schlosses im Norden vorfährt, wenn ein ähnlicher Trauerfall bevorsteht.

Ein Phänomen dieser Art tritt auch in der Familie eines unserer Mitglieder auf, doch ist es seinem Charakter nach viel gewöhnlicher und weniger auffallend, als eins der oben erwähnten; es besteht nur in einer feierlichen und eindrucksvollen Musik, gleichsam wie eine Strophe aus einem Grabgesang, die scheinbar in der Luft ertönt und zwar drei Tage, vor dem der Tod stattfindet. Unser Mitglied hat zweimal diese mystischen Töne gehört, und fand in beiden Fällen die Warnung genau zutreffend; er wusste, dass gemäß der Familien-Überlieferung sich dieser Vorgang schon seit mehreren Jahrhunderten so abgespielt hat, und er machte sich nun daran· auf okkultem Wege dieser befremdenden Erscheinung auf den Grund zu kommen.

Das Ergebnis war unerwartet, aber interessant. Es schien, dass so etwa im zwölften Jahrhundert das Haupt der Familie, gerade wie viele andere tapfere Männer, sich den Kreuzfahrern angeschlossen hatte, und seinen jüngsten Sohn, seinen Liebling, mitnahm, damit sich dieser in dem heiligen Kanin seine Sporen Verdienen könne, – einen viel versprechenden Jüngling, dessen Erfolg im Leben für das Vaterherz der höchste Wunsch war. Unglücklicherweise jedoch wurde der junge Mann im Kampf getötet, und der Vater wurde in tiefste Verzweiflung gestürzt; er beklagte nicht nur den Verlust des Sohnes sondern noch mehr, dass dieser im vollen Treiben der sorglosen und nicht ganz tadellosen Jugend so plötzlich dahingerafft war.

So tief ergriff den alten Mann dies Gefühl, dass er seine Ritterrüstung ablegte, einem der großen Mönchsorden beitrat und das Gelübde tat, seine ihm noch gegönnte Lebenszeit dem

Gebet zu widmen, und zwar in erster Linie für die Seele seines Sohnes, sodann dafür, dass von nun an keiner seiner Nachkommen der Tod unvorbereitet treffe, für seinen einfachen und frommen Sinn ein schrecklicher Gedanke. Tag ein, Tag aus strömte er manches Jahr hindurch die ganze Energie seiner Seele in diesen einen intensiven Wunsch aus und hielt sicher an dem Glauben fest, dass auf irgendeine Weise das, was er so sehnlich wünschte, in Erfüllung gehen würde.

Wer einige okkultistische Studien gemacht hat, wird leicht erwägen können, welche Wirkung solch ein entschiedener und lange Zeit aufrechterhaltener Gedankenstrom haben musste; unser ritterlicher Mönch schuf eine künstliche Elementarform von unermesslicher Kraft und Leistungsfähigkeit für diesen besonderen Zweck und speicherte in dieser einen Kraftvorrat auf, der es ihr möglich machte, eine unbestimmbare Zeit hindurch seine Wünsche auszuführen. Eine Elementarform ist eine vollkommene Akkumulations-Batterie, eine Batterie in der Praxis ohne Stromverlust; und wenn wir bedenken, welche Kraft sie ursprünglich besessen haben muss, und wie verhältnismäßig selten sie in der Tage war, Kraft abzugeben, dann werden wir uns kaum wundern, dass sie selbst jetzt noch unverminderte Lebenskraft zeigt und noch immer den direkten Nachkommen des alten Kreuzfahrers ihr bevorstehendes Ende ankündigt und zu diesem Zweck in ihren Ohren die eine fremdartige klagende Musik ertönen lässt, die vor siebenhundert Jahren in Palästina am Grabe eines jungen tapferen Kriegers als Grabgesang erklang. –

2. Bewusst hervorgerufene Elementarformen

Wenn solche Erfolge, wie soeben beschrieben, durch die Gedankenkraft von Menschen erreicht werden können, die über das, was sie eigentlich tun, vollständig im Dunkeln sind, dann wird man leicht begreifen, dass ein Magier, der die Sache kennt, und genau übersehen kann, welche Wirkung er hervorbringt, auf diesem Wege eine ungeheure Kraft ausüben kann. Tatsächlich benutzen Okkultisten beider Richtungen, von der weißen wie von der schwarzen Schule, häufig Elementarformen zu ihrem Werk, und wenig Aufgaben gibt es, die diese nicht auszuführen imstande wären, wenn sie wissenschaftlich hergestellt und mit Kenntnis und Geschicklichkeit gelenkt werden; denn der, welcher weiß, wie es gemacht wird, kann mit der Form in Zusammenhang bleiben und sie leiten, einerlei wie weit entfernt sie zu wirken hat, sodass sie in Wirklichkeit vorgeht, als ob sie die volle Intelligenz ihres Meisters besäße.

Sehr bestimmte und sehr tatkräftige *Schutzengel* sind manchmal auf diese Weise ausgesandt worden, obgleich es wahrscheinlich sehr selten ist, dass Karma ein entscheidendes Eingreifen in das Leben eines Menschen gestattet, wie es eine solche Aussendung sein würde. Aber einen Schüler der Adepten zum Beispiel, der bei der Ausführung einer von ihnen gestellten Aufgabe die Gefahr läuft, von Kräften angegriffen zu werden, denen die Spitze zu bieten, seine schutzlose Kraft entschieden nicht ausreichen würde, einem solchen sind wohl *Schutzengel* dieser Art beigegeben worden und sie haben sich durch ihre ununterbrochene Wachsamkeit und ihre ungeheure Kraft aufs Beste bewährt.

Bei einigen Operationen höherer schwarzer Magie werden Elementarformen von großer Macht ins Leben gerufen, und auf verschiedene Weise ist viel Schlimmes von solchen Wesenheiten ausgeübt worden. Aber es gilt von diesen dasselbe, wie von der vorigen Klasse, dass, wenn sie gegen einen Menschen losgelassen werden, auf die sie in Folge der Reinheit seines Charakters keine Wirkung ausüben können, sie mit schrecklicher Gewalt auf ihren Schöpfer zurückwirken; es ist also die mittelalterliche Sage von dem Magier, der durch den bösen Feind, den er selbst gerufen, in Stücke zerrissen wurde, keine bloße Fabel; ihr mag wohl eine grausige Tatsache in Wirklichkeit zugrunde liegen.

Solche Geschöpfe entwischen manchmal, aus verschiedenen Gründen, der Herrschaft derer, die von ihnen Gebrauch zu machen versuchen, und werden zu ziellos umherschweifenden Dämonen, ebenso wie ähnliche Formen, die im vorigen Abschnitt erwähnt wurden; da aber die hier besprochenen viel mehr Intelligenz und Kraft und auch eine viel längere Existenz besitzen, so sind sie verhältnismäßig viel gefährlicher Sie suchen unaufhörlich nach Mitteln, ihr Leben zu verlängern, entweder dadurch, dass sie gleich Vampiren Lebenskraft aus menschlichen Wesen saugen, oder sie bewirken, dass ihnen Opfergaben dargebracht werden; bei einfachen halbwilden Stämmen haben sie durch geschicktes Vorgehen den Erfolg gehabt, als Dorf- oder Familien-Götter anerkannt zu werden.

Von allen Gottheiten, die blutige Opfer verlangen, kann man stets annehmen, dass sie zu der niedrigsten und verabscheuungswürdigsten Klasse dieser Gattung gehören; andere weniger abschreckende Arten sind manchmal mit Opfern von Reis und gekochten Nahrungsmitteln aller Art zufrieden. Es gibt in Indien Gegenden, wo man beide finden kann; sie stehen noch bis auf den heutigen Tag in Ansehen; in Afrika sind sie wahrscheinlich verhältnismäßig noch zahlreicher.

Vermittelst der Nahrung, die sie aus diesen Opfern ziehen, und noch mehr mittelst der Lebenskraft, die sie ihren Anhängern aussaugen, können sie ihr Dasein um manches Jahr, ja selbst um Jahrhunderte verlängern, und sie behalten dabei genügende Kraft, gelegentliche Phänomene harmloser Art hervorzurufen, um den Glauben und den Eifer ihrer Anhänger anzuspornen; und regelmäßig machen sie sich auf die eine oder die andere Art unangenehm bemerkbar, wenn die übliche Opferung vernachlässigt wird. So bemerkten z. B., einem kürzlich bekannt gewordenen Bericht zufolge, die Einwohner eines indischen Dorfes, dass, sobald aus irgendeinem Grunde der Lokal-Gott oder die Göttin nicht das regelmäßige Mal bekommen hatte, an allen Seiten von selbst Feuer in den Hütten ausbrach, manchmal in dreien oder vieren zu gleicher Zeit, und zwar, wo, ihrer Meinung nach, der Verdacht gänzlich ausgeschlossen war, dass Menschen dabei tätig gewesen sein konnten; mehr oder weniger ähnliche Berichte wird sich jeder Leser erinnern, der etwas von den mehr abgelegenen Winkeln des wunderbarsten aller Länder kennengelernt hat.

Die Kunst, Elementarformen von äußerster Bösartigkeit und Macht herzustellen, scheint eine Spezialität der Magier von Atlantis gewesen zu sein, – den *Meistern des Schwarzgesichts*. Was diese in der Richtung zu leisten imstande waren, davon gibt die „Geheimlehre" (II, 446) ein Beispiel, wo wir von wunderbaren sprechenden Tieren lesen, die durch Blutopfer dazu veranlasst wurden, ruhig zu bleiben und ihre Herren nicht zu wecken und sie vor dem hereinbrechenden Untergang nicht zu warnen. Aber auch, abgesehen von diesen befremdlichen Geschöpfen, schufen sie noch andere künstliche Wesen von so furchtbarer Macht und Energie, dass, dunkeln Hindeutungen nach, einige von ihnen bis auf den heutigen Tag ihr Dasein aufrechterhalten haben, obgleich mehr als elftausend Jahre verflossen sind, seit die Katastrophe über ihre ursprünglichen Herren hereinbrach.

Die fürchterliche indische Göttin, deren Anhänger gezwungen werden, in ihrem Namen entsetzliche, Thuggee genannte Verbrechen zu begehen – die schreckliche Kâlî, die noch heute mit Zeremonien verehrt wird, die zu scheußlich sind, um sie zu beschreiben, ist – vielleicht noch das Überbleibsel eines Systems, das vernichtet werden musste, selbst auf Kosten des Untergangs eines Kontinents und der Vernichtung von fünfundsechzig Millionen menschlicher Wesen.

3. Künstliche Menschenwesen

Wir haben nun eine Klasse von Wesen zu betrachten, deren Zahl nur sehr gering ist, die aber wegen ihres Zusammenhanges mit einer der größten Bewegungen der neuesten Zeit eine Wichtigkeit erlangt haben, die mit ihrer Anzahl ganz außer Verhältnis steht. Man kann im Zweifel sein, ob diese Klasse unter der ersten oder der dritten Hauptabteilung einzureihen ist; aber trotzdem die Wesen sicherlich zu den menschlichen gerechnet werden müssen, stehen sie doch so weit außerhalb des gewöhnlichen Laufes der Entwicklung sind so vollständig das Produkt eines äußeren Willens, dass sie sich doch wohl am naturgemäßesten den künstlichen Wesen anschließen.

Am leichtesten werden wir ein Bild von dieser Klasse erlangen, wenn wir mit ihrer Entstehungsgeschichte anfangen, und zu diesem Ende noch einmal einen Blick auf die große atlantische Rasse werfen. Wenn wir an die Adepten und okkultistischen Schulen dieses merkwürdigen Volkes denken, dann haben wir im Geist unwillkürlich die schlimmen Praktiken ihrer letzten Tage vor Augen, von denen wir so viel gehört haben; aber wir dürfen nicht vergessen, dass vor dieser Periode der Selbstsucht und Erniedrigung die mächtige Zivilisation von Atlantis auch viel Edles und Bewunderungswürdiges hervorgebracht hat, und dass unter ihren Führern einige waren, die heute auf der höchsten Zinne stehen, die der Mensch bis jetzt erreicht hat.

Von den Adepten des guten Gesetzes waren Logen für okkultes Studium zur Vorbereitung auf die Einweihungen errichtet worden; eine von diesen befand sich in einem bestimmten Teil Amerikas, der damals einem der großen atlantischen Monarchen, — einem der ‚*göttlichen Herrscher des goldenen Tores*' tributpflichtig war. Sie hatte manche merkwürdige Wechselfälle zu erleben, ihr Hauptquartier immer aufs Neue von Land zu Land zu verlegen, sobald solches von den unharmonischen Elementen einer späteren Zivilisation überschwemmt wurde; aber trotzdem existiert diese Loge noch bis auf den heutigen Tag, bedient sich noch immer desselben Rituals der alten Welt, – lehrt sogar noch als heilige geheime Sprache dieselbe atlantische Zunge, deren sie sich vor so vielen tausend Jahren bei ihrer Gründung bedient hatte.

Sie ist noch jetzt, was sie von Anfang an war, – eine Loge von Okkultisten mit reinen, philanthropischen Zielen, die die Schüler, die sie dessen würdig findet, ein beträchtliches Stück auf dem Weg zur Erkenntnis, die sie errungen hatten, weiter führt und zur Gewinnung solcher psychischen Kräfte erst anleiten, wenn der Bewerber die schärfsten proben seiner Reife bestanden hat. Ihre Lehrer stehen nicht auf der Stufe eines Adepts, aber Hunderte haben in ihr gelernt, ihre Füße auf den Pfad zu setzen, der sie im späteren Leben zur Adeptschaft geführt hat; auch bildet die Loge nicht eigentlich einen Teil der Brüderschaft vom Himalaya; aber einige Mitglieder dieser Brüderschaft haben in ihren früheren Verkörperungen mit ihr in Verbindung gestanden, und nehmen deshalb ein mehr als gewöhnliches freundliches Interesse an ihren Arbeiten.

Obgleich die Leiter dieser Loge sich und ihre Gesellschaft streng im Hintergrund gehalten haben, so taten sie doch von Zeit zu Zeit, was sie konnten, um zur Ausbreitung der Wahrheit in der Welt beizutragen. In Verzweiflung über den alles überwuchernden Materialismus, der vor etwa fünfzig Jahren alle Spiritualität in Europa und Amerika zu ersticken drohte, entschlossen sie sich zu dem Versuch, ihn durch eine einigermaßen neue Methode zu bekämpfen, und zwar wollten sie es möglich machen, dass jeder vernünftige Mensch sich absoluten Beweis für ein vom physischen Körper unabhängiges Leben verschaffen könne; es war ja das Streben der Wissenschaft gerade, ein solches Leben zu leugnen.

Die Phänomene zu diesem Zweck waren an und für sich nicht absolut unbekannt, denn in der einen oder anderen Form berichtet die Geschichte aus allen Zeiten von solchen; aber sie bestimmt zu organisieren, – sie sozusagen auf Befehl hervorzurufen, – das ist für die Jetztzeit entschieden etwas Neues.

Die Bewegung, die sie so anregten, wuchs sich allmalig zu dem so weit verbreiteten Spiritismus aus, und es wäre wohl ungerecht, die Veranstalter dieser Bewegung direkt für viele Folgen, die daraus entstanden sind, verantwortlich zu machen; jedenfalls müssen wir zugestehen, dass sie ihren Zweck insoweit erreicht haben, dass sie unzählige Menschen von einem Glauben sozusagen an nichts zu der festen Überzeugung wenigstens einer gewissen Art zukünftigen Lebens bekehrt haben.

Das ist zweifellos ein herrlicher Erfolg, obgleich es auch manche gibt, die meinen, er sei mit zu großen Kosten errungen.

Die Methode nun, die sie anwandten, war die, einen gewöhnlichen gestorbenen Menschen auszuwählen, ihn auf der Astralebene vollständig zum Bewusstsein zu bringen, ihn bis zu einem gewissen Grade in die astralen Kräfte und astralen Möglichkeiten einzuweihen und ihn dann einem spiritistischen Zirkel zur Verfügung zu stellen.

Dieser *entwickelte* nun seinerseits andere Abgeschiedene in derselben Richtung, und sie alle wirkten auf die Teilnehmer an den Sitzungen ein und entwickelten diese zu Medien; und so wuchs und erblühte der Spiritismus. Es ist sicher, dass sich lebende Mitglieder der ursprünglichen Loge gelegentlich in astraler Form in einigen Zirkeln manifestiert haben, – vielleicht tun sie es auch jetzt noch, aber in den meisten Fällen geben sie den Personen, die sie zur Verfügung gestellt haben, nur die nötigen Anweisungen und Direktiven. Unzweifelhaft stieg die Bewegung viel schneller, als sie vermutet hatten, so dass sie ihnen sehr bald über den Kopf wuchs, und deshalb können sie, wie gesagt, für viele späteren Auswüchse nur indirekt verantwortlich gemacht werden.

Natürlich führten diese Personen, die sich mit den Zirkeln abgaben, ein viel intensiveres Astralleben, und ihr natürlicher Fortschritt wurde dadurch verzögert; und obgleich die Idee maßgebend gewesen sein wird, dass alles, was auf diese Weise verloren würde, durch das gute Karma, Andere auf den Weg zur Wahrheit haben leiten zu können, wieder vollauf eingebracht würde, so stellte es sich doch bald als unmöglich heraus, einen *Geisterführer* (spirit-guide) eine irgendwie längere Zeit zu benutzen, ohne ihm ernsten und dauernden Schaden zuzufügen. In manchen Fällen wurden deshalb solche Führer zurückgezogen und andere an ihre Stelle gesetzt; in anderen hielt man es aus verschiedenen Gründen nicht für wünschenswert, solch einen Wechsel vorzunehmen, und dann wurde eine sehr merkwürdige Maßregel gewählt, die Veranlassung zur Entstehung einer eigentümlichen Klasse von Geschöpfen gab, die der *künstlichen menschlichen Wesen*, wie wir sie genannt haben.

Den höheren Prinzipien des ursprünglichen Führers gestattete man, auf ihrem lang verzögerten Aufstieg zur Himmelswelt weiter zu schreiten; aber dem *Schatten* (S. 44), den er zurückließ, nahm man in Besitz, erhielt ihn aufrecht, wirkte auf ihn ein, sodass er dem bewundernden Zirkel praktisch genau derselbe zu sein schien, wie vorher.

Anfangs scheint dies von den Mitgliedern der Loge selbst vorgenommen worden zu sein: aber allem Anschein nach fand man dieses Vorgehen bald unpassend und ungeeignet, oder man hielt es für eine Kraftvergeudung; auch die Verwendung einer künstlichen Elementarform stieß auf denselben Einwand, und so entschied man sich denn, dass die abgeschiedene Persönlichkeit, die dazu bestimmt worden wäre, den früheren *Geisterführer* zu ersetzen, dies auch jetzt noch zu tun habe, aber sie sollten seinen *Schatten* oder vielmehr seine *Larve* in Besitz nehmen und tatsächlich seine äußere Erscheinung annehmen.

Es wird behauptet, dass einige Mitglieder der Loge hiergegen den Einwand erhoben hätten, der Zweck sei wohl ein vollständig guter, doch läge hierin eine gewisse Täuschung; aber die allgemeine Meinung scheint gewesen zu sein, dass man in Wirklichkeit nicht von Täuschung reden könne, da der Schatten in Wirklichkeit derselbe ist, und jedenfalls noch etwas vom niederen Manas enthalte.

Dies ist also die Entstehungsgeschichte der künstlichen menschlichen Wesen, und es wird berichtet, dass in einigen Fällen mehr als ein solcher Wechsel vorgenommen worden sei, ohne dass sich ein Verdacht regte, obgleich andererseits einige spiritistische Forscher es bemerkt haben, dass nach dem Verlauf längerer Zeit sich plötzlich gewisse Unterschiede in dem Charakter oder der Stimmung des Geistes kundgaben.

Es ist wohl nicht nötig hervorzuheben, dass kein Adept der Brüderschaft jemals die Gestaltung eines künstlichen Wesens dieser Art unternommen hat, obgleich sie nicht dazwischen treten können, wenn irgendjemand es für recht hält, solchen Weg einzuschlagen. Ein schwacher Punkt bei der Methode ist, dass manche Andere, außerhalb der eigentlichen Loge, denselben Plan aufnehmen könnten, und es gibt kein Mittel, schwarze Magier zu verhindern, manifestierende Geister zu schaffen, wie es denn auch behauptet wird, dass sie es schon getan haben.

Mit dieser Klasse schließen wir unsern Überblick über die Bewohner und Gäste der Astralebene. Mit der, einige Seiten vorher gemachten Einschränkung kann das Verzeichnis als ziemlich vollständig angesehen werden; es sei aber nochmals betont, dass diese Abhandlung keinen anderen Anspruch erhebt, als nur die Umrisse eines weiten, umfangreichen Gegenstandes zu skizzieren, deren Ausführung im Einzelnen ein ganzes Leben voll Studien harter Arbeit erfordern würde.

Phänomene

Obgleich in den vorigen Kapiteln verschiedene überphysische Phänomene erwähnt wurden, und diese bis zu einem bestimmten Grade ihre Erklärung fanden, so ist es vielleicht doch wünschenswert, vor dem wir schließen, noch einmal darauf zurückzukommen und eine Übersicht über die Erscheinungen zu geben, auf die derjenige, der diese Dinge studiert, am häufigsten stößt, – und sodann zu zeigen, durch welche der von uns beschriebenen treibenden Kräfte sie hervorgerufen werden. Die Hilfsquellen der Astralwelt sind jedoch so mannigfaltig, dass fast alle uns bekannten Phänomene in verschiedener Weise hervorgebracht werden können; es ist deshalb nur möglich, allgemeine Regeln in diesen Dingen anzugeben.

Die Erscheinungen oder *Geister* sind sofort ein gutes Beispiel für das eben Gesagte; denn dem sehr unbestimmten Sprachgebrauch nach fallen unter diese Bezeichnung fast alle Bewohner der Astralebene. Psychisch Entwickelte sehen jeder Zeit, sobald sie wollen, solche Dinge; aber damit ein gewöhnlicher Mensch *einen Geist sehen* kann, wie der übliche Ausdruck lautet, muss eins von zwei Dingen stattfinden: entweder muss dieser Geist sich materialisieren, oder bei diesem Menschen muss das psychische Schauen für einen Augenblick aufblitzen. Aber nur deshalb, weil keins von Beiden häufig vorkommt, werden in den Straßen die *Geister* nicht ebenso häufig beobachtet, wie lebende Menschen. –

Kirchhof-Gespenster. Wenn der *Geist* über einem Grab schwebend gesehen wird, so ist es wahrscheinlich der Ätherkörper eines kürzlich begrabenen Menschen, obgleich es auch der Astralkörper eines lebenden sein kann, der im Schlaf das Grab eines Freundes besucht; oder aber es kann eine materialisierte Gedankenform sein, d. h. Ein künstliches Elementarwesen, das durch die Energie entstanden ist, mit welcher ein Mensch sich als an dem betreffenden Ort anwesend denkt. Diese verschiedenen Möglichkeiten kann derjenige leicht voneinander unterscheiden, der im astralen Schauen geübt ist; aber jemand, der selten so etwas sieht, wird sie alle mit dem allgemeinen Namen *Geist* bezeichnen.

Erscheinung Sterbender. Erscheinungen zur Zeit des Todes sind keineswegs selten und sind sehr oft wirkliche Besuche, die der Astralkörper des Sterbenden macht, gerade vor dem Augenblick, den wir den der Auflösung nennen, obgleich es hier wiederum leicht Gedankenformen sein können, die der Sterbende durch seinen heftigen Wunsch ins Dasein gerufen hat, irgendeinen Freund noch einmal zu sehen, bevor er einer ungewissen Zukunft entgegen geht. Spukhäuser oder -Orte. Erscheinungen an den Orten, wo irgendein Verbrechen begangen ist, sind gewöhnlich Gedankenformen des Verbrechers, der lebend oder tot, meistens aber tot, immer und immer wieder die Umstände seiner Tat überdenkt; und da gerade am Jahrestage seines ursprünglichen Verbrechens diese Gedanken in seinem Geist besonders lebhaft sind, so ist es oft nur bei diesen Gelegenheiten, dass die künstlichen Elementarwesen, die er schafft, stark genug sind, sich für das gewöhnliche Auge sichtbar zu materialisieren, eine Tatsache, welche das periodische Auftreten mancher Kundgebungen dieser Art erklärt. Hierzu kommt noch ein anderer Punkt: wo immer eine erschütternde, mentale Aufregung, wo immer ein überwältigender Schrecken, oder Schmerz, Sorge, Hass empfunden wurde, oder irgendeine starke Leidenschaft getobt hat, da wird auch im Astralen ein Eindruck so gewaltiger Art hervorgerufen, dass jemand, der auch nur einen schwachen Schimmer psychischer Fähigkeiten hat, aufs Stärkste hierdurch beeinflusst wird; und es bedarf dann nur einer vorübergehenden kleinen Erhöhung der Empfänglichkeit, um ihm das Schauen des ganzen Vorganges zu ermöglichen, die ganze Szene in all ihren Einzelheiten anscheinend vor seinen Augen sich abspielen zu sehen; in einem solchen Falle würde dieser natürlich behaupten, an dem Orte spuke es, er habe einen Geist gesehen.

In Wirklichkeit werden ja manche Menschen, die bis jetzt noch nicht fähig sind, irgendwie psychisch zu schauen, häufig sehr unerfreulich gestimmt, wenn sie solche eben besprochenen Orte besuchen; es gibt z. B. viele, die sich in der Gegend des Tyburn Tree* sehr ungemütlich fühlen, oder halten es in der Schreckenskammer bei Mme. Tussaud nicht aus, trotzdem sie absolut nicht ahnen, dass ihr Unbehagen von den schrecklichen Eindrücken herkommt, die im Astralen an Orten und Gegenständen des Schreckens und des Verbrechens haften, wie auch von der Gegenwart abscheulicher astraler Wesen, die stets um einen solchen Punkt herumschwärmen.

Familien-Geister. Der Familiengeist, auf den wir als ein ständiges Repertoire bei übersinnlichen Erzählungen stoßen und der zur Ausstattung eines jeden alten Adelsschlosses gehört, mag entweder eine Gedankenform, oder ein ungewöhnlich lebhafter Eindruck auf die Astralmaterie, oder es mag wirklich ein erdgebundener Ahne sein, der noch an den Orten haust, an die sich seine Gedanken und Hoffnungen während des Lebens hefteten.

Glockenklingen, Steinwerfen, usw. Eine andere Art Spuk, die sich in Läuten der Glocken, in Werfen von Steinen, im Zerbrechen von Töpfen und dergl. äußert, ist auch schon erwähnt worden und ist fast immer das Werk elementarer Kräfte, die entweder in blinder Weise durch die plumpen Anstrengungen einer mit diesen Kräften nicht vertrauten Person in Bewegung gesetzt werden, um die Aufmerksamkeit eines noch lebenden

---

*) Eine Hinrichtungsstätte.

Bekannten auf sich zuziehen, oder die mit Absicht von einem kindischen oder böswilligen Naturgeist benutzt werden.

Elfen und dergl. Die Naturgeister sind auch verantwortlich für alles, was an den seltsamen Elfengeschichten wahr sein wird, die in manchen ländlichen Gegenden so verbreitet sind. Manchmal befähigt eine zeitweilige Steigerung des Hellsehens, das unter den Bewohnern einsamer Berggegenden keineswegs selten ist, einen verspäteten Wanderer, ihren fröhlichen Luftreigen zu lauschen; manchmal werden einem erschreckten Opfer seltsame Streiche gespielt, eine Sinnestäuschung wird ihm vorgespiegelt, die ihn glauben macht, er sähe z. B. Häuser und Menschen, wo, wie er weiß, keine vorhanden sind. Und das ist häufig nicht nur eine momentane Täuschung; denn es kommt vor, dass jemand eine ganze Reihe eingebildeter, aber deutlicher und eindrucksvoller Abenteuer durchmacht, und ihm dann plötzlich diese ganze glänzende Umgebung verschwindet, indem er sich in einem einsamen Tat oder auf einem windigen Felde wiederfindet.

Andererseits ist nicht zu raten, alle diese volkstümlichen Sagen als auf Tatsachen beruhend anzunehmen, denn der gröbste Aberglauben mischt sich oft mit den Ansichten der Landbewohner über diese Wesen.

Denselben Wesen muss ein großer Teil der sogenannten physikalischen Phänomene bei spiritualistischen Sitzungen zugeschrieben werden; ja bei manchen Sitzungen wird alles vollständig durch solche üble Geister hervorgebracht.

Solche Darstellung mag manche überraschende Manifestation bringen, wie z. B. Beantwortung von Fragen, Überbringen von vorgeblichen Botschaften durch Klopfen oder Rippen, das Auftreten von Lichterscheinungen, das Herbeibringen von Gegenständer oft aus großen Entfernungen, das Lesen von Gedanken, die ein Anwesender im Sinne hat, das Hervorbringen von Schriften oder Zeichnungen und selbst von Materialisationen.

In Wirklichkeit könnten die Naturgeister selbst – falls irgendeiner von ihnen sich die Mühe nehmen wollte – eine Sitzung geben, die ebenso brillant verliefe, wie irgendeine, von der wir vielleicht gelesen haben; denn obgleich es einige Phänomene gibt, die sie nicht leicht nachzumachen imstande sind, so würde doch ihre merkwürdige Geschicklichkeit in Blendwerk sie ohne Schwierigkeit befähigen, den ganzen Zirkel zu überzeugen, dass auch diese Phänomene sich wirklich zugetragen hätten, es sei denn, dass ein geschulter Beobachter anwesend ist, der ihre Künste versteht und weiß, wie sie zu durchkreuzen sind. Wir können ganz allgemein annehmen, dass, wenn törichte Streiche oder handgreifliche Possen in einer Sitzung vorkommen, entweder niedrige Naturgeister oder unentwickelte menschliche Wesen sich beteiligen, die noch ebenso kindisch wie auf Erden sind, wo sie an solche idiotenhaften Dingen Gefallen fanden. Wesen, die Mitteilungen überbringen.

Was solche Wesen betrifft, die bei einer Sitzung Mitteilungen machen, oder die ein im Tranze befindliches Medium in Beschlag nehmen und durch dieses sprechen, so sind ihrer eine Legion; es gibt kaum eine einzige Art unter den vielen Bewohnern der Astralebene, welche nicht vertreten wäre, jedoch spricht den meisten gegebenen Mitteilungen nach viel dagegen, dass sie von sehr hoher Stufe kommen.

Ein sich kundgebender *Geist* kann genau das sein, wofür er sich ausgibt, aber im Ganzen spricht die Wahrscheinlichkeit dafür, dass dies nicht der Fall ist; der gewöhnliche Teilnehmer solcher Sitzungen hat absolut kein Mittel, das Wahre vom Falschen zu unterscheiden; denn ein solches Wesen hat all die Hilfsmittel der Astralebene, um einen Menschen auf der physischen zu täuschen, in solchem Umfang zur Verfügung, dass dieser sich auf kein scheinbar noch so überzeugendes Beweismittel verlassen kann. Wenn sich einem Teilnehmer etwas kundgibt, was sich als sein verstorbener Bruder ausgibt, so hat er keine Sicherheit, dass diese Behauptung richtig ist; wenn es ihm eine Tatsache mitteilt, die nur seinem Bruder und ihm selbst bekannt ist, so überzeugt ihn dies nicht, da er weiß, dass dies *Etwas* diese Kenntnis leicht aus seinem eigenen Denkbewusstsein entnommen, *gelesen* haben kann, oder aus seiner Umgebung im Astralen. Es geht sogar noch weiter und teilt ihm etwas von seinem Bruder mit, was er selbst nicht wusste, aber was er nachher bestätigt findet; auch dies ist kein Beweis, denn es kann aus der Akasha Chronik* gelesen sein; oder das, was er da vor sich sieht, mag nur der *Schatten* seines Bruders sein und so dessen Gedächtnis besitzen, ohne dass es dieser in Wirklichkeit selbst ist.

Es soll übrigens absolut nicht geleugnet werden, dass manchmal bei solchen Sitzungen wichtige Mitteilungen von Wesen überbracht worden sind, die in diesen Fällen wirklich die waren, für die sie sich ausgegeben hatten; was hier nur behauptet wird, ist, dass es für die durchschnittlich entwickelten Menschen, die eine Sitzung mitmachen, stets unmöglich ist, sicher zu sein, dass sie nicht auf die eine oder die andere von einem halben Dutzend verschiedener Arten grausam betrogen werden.

Es gibt einige Fälle, wo Mitglieder der vorne erwähnten Okkultistenloge, welche die spiritistische Bewegung hervorgerufen haben, selbst durch ein Medium eine Reihe wertvoller Lehren über sehr interessante Gegenstände gegeben haben; aber

---

*) Wenn sich ein Wesen in einen sehr hohen Bewusstseinszustand zu versetzen versteht, in dem die Schranken des Raumes und der Zeit gefallen sind, dann kann ihm alles das kund werden, worauf es seine Aufmerksamkeit richtet. Das nennt man: *in der Akasha Chronik lesen*. Vergl. den Artikel von Leadbeater „The Akasha Records" in Lucifer XX, Juni- und Juliheft 1897. (Der Übersetzer)

dieses ist ausnahmslos in Privatsitzungen im Familienkreise geschehen; nicht bei öffentlichen Vorstellungen, bei denen Eintrittsgeld erhoben wird.

Astrale Hilfsmittel. Um die Art und Weise zu verstehen, wie ein großer Teil der physikalischen Phänomene hervorgebracht wird, ist es nötig, die mannigfaltigen oben erwähnten Hilfsmittel einigermaßen zu kennen, welche dem zur Verfügung stehen, der auf der Astralebene funktioniert; dies ist jedoch eine Seite unseres Gegenstandes, die keineswegs leicht verständlich ist, besonders da sie nur mit offenbar notwendiger Zurückhaltung dargelegt werden kann.

Es mag uns das Verständnis vielleicht leichter werden, wenn wir die Astralebene in gewissen Beziehungen als eine Fortsetzung der physischen ansehen, und das Beispiel dass dichte Materie den ätherischen Zustand annehmen kann, (in welchem sie, wenn auch unfühlbar, doch noch rein physisch ist), zeigt uns, wie der eine Zustand der Materie in einen anderen übergeht. Tatsächlich fassen die Hindu unter der Bezeichnung Jagrat, dem *wachen Zustand*, die physische und die Astralebene zusammen, und zählen die vier physischen Aggregatzustände (die vier Ätherzustände als einen) und die oben erwähnten drei Hauptabteilungen der Astralebene als die sieben Unterzustände. Wenn wir diese Vorstellungen im Auge behalten, wird es leichter, einen Schritt weiter zu gehen, und die Idee zu verstehen, dass das astrale Schauen, oder, besser gesagt, die astrale Wahrnehmung von einem gewissen Gesichtspunkt aus als die Fähigkeit definiert werden kann, mit einer enorm angewachsenen Anzahl verschiedener Gruppen von Schwingungsrhythmen mitzuschwingen.

In unserem physischen Körper ist eine kleine Gruppe von Schwingungen uns als Schall wahrnehmbar, eine andere kleine Gruppe von sehr viel schnelleren Schwingungen beeinflusst uns als Licht, und wieder eine andere als elektrische Wirkung. Aber es gibt eine außerordentlich große Zahl von Schwingungen dazwischen, die auf unsere physischen Sinne keine Wirkung hervorbringen. Nun wird man leicht einsehen, dass, wenn alle, oder selbst nur einige dieser Zwischenstufen mit allen ihren verschiedenen Wellenlängen und ihren möglichen Kombinationen auf der Astralebene sichtbar sind, unsere Anschauung von der Welt auf dieser Ebene sehr viel umfassender werden wird, und dass wir im Stande sind, Kenntnisse zu erlangen, die uns hier vorenthalten bleiben.

Hellsehen. Es ist anerkannt, dass einige Schwingungen ganz leicht durch feste Körper hindurchgehen, sodass wir uns auf Analogie mit wissenschaftlich bekannten Tatsachen stützen können, wenn wir von einigen Eigentümlichkeiten des astral Erschauten berichten, obgleich diejenigen, welchen sich die Theorie der vierten Dimension mehr empfiehlt, in dieser eine glattere und vollständigere Erklärung finden.

Es ist klar, dass allein durch die Fähigkeit des astralen Schauens ein Wesen in den Stand gesetzt wird, viele Dinge zu vollbringen, die uns sehr wunderbar erscheinen, – so z. B. das Lesen in einem verschlossenen Buch; wenn wir uns erinnern, dass diese Fähigkeit weiter einschließt, die Gedanken vollständig erkennen zu können, und dass ferner, wenn die weitere Fähigkeit hinzu kommt, astrale Strömungen hervorzurufen, die Möglichkeit hinzu tritt, einen Gegenstand in fast allen Teilen der Welt nach Wunsch sehen zu können, so merken wir, dass eine Menge Phänomene des Hellsehens erklärlich werden, ohne dass ein Erheben auf noch höhere Ebenen nötig wird.

Das wahre, geschulte, durchaus zuverlässige Hellsehen ruft freilich noch eine ganze Reihe anderer Fähigkeiten ins Leben; aber da diese zu einer höheren als der Astralebene gehören, so bilden sie keinen Teil unseres vorliegenden Gegenstandes.

Voraussehen und zweites Gesicht. Die Fähigkeit, genau die Zukunft voraus zu sehen, gehört ebenfalls ganz und gar zu den höheren Ebenen, wenn auch Lichtblitze oder Spiegelbilder sich oft dem rein astralen Blick bieten, besonders bei einfachen Menschen, die in entsprechender Umgebung leben, was man dann zweites Gesicht nennt, eine bei den Schotten* nicht unbekannte Erscheinung.

Eine andere Tatsache darf man ebenfalls nicht vergessen: jeder intelligente Bewohner der Astralebene ist nicht nur fähig, diese ätherischen Schwingungen zu beobachten, sondern kann sie auch, wenn er gelernt hat, wie es gemacht wird, zu seinen eigenen Zwecken benutzen oder sie selbst in Bewegung setzen.

Astrale Kräfte. Man wird leicht verstehen können, dass man über superphysische Kräfte und die Methoden, sie anzuwenden, zur jetzigen Zeit nicht öffentlich schreiben kann, obgleich Gründe zu der Annahme vorliegen, dass es nicht mehr lange dauern wird, bis jedenfalls die Anwendung der einen oder der anderen der Welt allgemein bekannt werden wird; aber es ist vielleicht möglich, eine Idee von diesen Kräften zu geben, sodass man sich wenigstens eine Ahnung davon machen kann, wie gewisse Phänomene hervorgebracht werden.

Alle, die häufiger spiritistische Sitzungen mitgemacht haben, bei denen physikalische Phänomene austreten, werden gelegentlich die Anwendung faktisch unwiderstehlicher Kräfte erlebt haben, z. B. die plötzliche Bewegung enorm schwerer Gegenstände, usw.; und wenn sie wissenschaftlich veranlagt sind, mögen sie sich verwundert gefragt haben, woher diese Kraft kommt, und wie sie gleichsam als Hebel in Anwendung gebracht werden kann. Wie gewöhnlich bei den astralen Phänomenen, gibt es verschiedene Wege, auf welchen solche Dinge

---

*) Ebenso bei den Angeln in Schleswig, bei den Westphalen, usw.

vollbracht werden können, aber es wird für den Augenblick genug sein, vier solcher anzudeuten.

Ätherische Strömungen. Zunächst gibt es ätherische Strömungen, die fortwährend mit einer solchen Macht über die Oberfläche der Erde von pol zu Pol fluten, dass deren Kraft unwiderstehlich ist, wie die Ebbe und Flut; und es gibt Methoden, nach welchen man sich diese kolossalen Kräfte zu Nutzen machen kann, wenn auch ungeschickte Versuche, sie zu beherrschen, schreckliche Gefahren heraufbeschwören.

Ätherdruck. Zweitens existiert etwas, was am Besten als ein Ätherdruck bezeichnet werden kann, etwas Ähnliches, wie der atmosphärische Luftdruck, wenn auch Unermesslich viel größer. Im gewöhnlichen Leben sind wir uns keiner dieser Druckerscheinungen bewusst, aber trotzdem sind sie vorhanden, und wenn die Wissenschaft imstande wäre, den Äther ebenso aus einem Raum auszupumpen, wie es ihr mit der Luft gelingt, so würde der Ätherdruck ebenso gut nachgewiesen werden können, wie der Luftdruck.

Die Schwierigkeit, dies fertig zu bringen, liegt darin, dass die Materie im Ätherzustand die Materie in den anderen Aggregatzuständen vollkommen durchdringt, sodass die Physiker bis jetzt noch nicht irgendeinen Raum gegen Äther abschließen können. Der praktische Okkultismus jedoch lehrt, wie dies zu erzielen ist, und so kann dann die fabelhafte Kraft des Ätherdrucks zur Wirkung gebracht werden.

Latente Energie. Drittens ist ein enormer Betrag potenzieller (latenter) Energie vorhanden, der sich in der Materie bei der Änderung der Aggregatform aufgespeichert hat, und der zum Teil bei einem neuen Wechsel dieses Zustandes frei werden und benutzt werden kann, wie auch die Wärme frei wird, wenn die sichtbare Materie ihren Zustand ändert.

Sympathische Schwingungen. Viertens können überraschende Resultate, sowohl geringfügige wie großartige, durch die erweiterte Anwendung eines Prinzips hervorgebracht werden, das als das Prinzip der sympathischen Schwingungen oder der Resonanz bezeichnet werden kann. Analogien aus der physischen Ebene scheinen häufig die Vorstellung über astrale Phänomene mehr irre zu leiten, als sie klar zu machen, da die Übereinstimmung immer nur teilweise zutrifft; aber die Anführung zweier bekannter Tatsachen aus dem gewöhnlichen Leben kann vielleicht dazu helfen, diesen wichtigen Teil unseres Gegenstandes klarer zu machen, wenn wir Sorge tragen, die Analogie nicht weiter durchführen zu wollen, als sie wirklich geht.

Es ist ja bekannt, dass, wenn die Saiten einer Harfe stark in Schwingung versetzt werden, ihre Bewegung bei jeder beliebigen Zahl von Harfen, die in der Nähe der ersten aufgestellt werden, sympathische Schwingungen in der entsprechenden Saite hervorrufen, wenn sie genau auf denselben Ton gestimmt sind. Bekannt ist auch, dass, wenn eine große Abteilung Soldaten eine Hängebrücke überschreiten, sie nicht in Schritt gehen dürfen, da die vollkommene Regelmäßigkeit ihres ordnungsmäßigen Marsches in der Brücke Schwingungen hervorrufen würde, die mit jedem Schritt noch intensiver werden, bis die Widerstandskraft überschritten ist und der ganze Bau in Stücke geht. Mit diesen beiden Analogien vor Augen (die freilich stets nur als teilweise Analogien betrachtet werden dürfen), wird es uns begreiflicher erscheinen, dass jemand, der genau weiß, in welcher Höhe er die Schwingungen zu erregen hat, – der sozusagen den Grundton der Gattung der Materie kennt, die er zu beeinflussen wünscht, – fähig ist, durch Anstimmen dieses Grundtones eine immense Zahl sympathischer Schwingungen hervorzurufen. Wenn dies auf der physischen Ebene geschieht, dann wird keine Vermehrung der Kraft erzielt; auf der Astralebene besteht jedoch dieser Unterschied, dass die Materie, mit der wir dort zu tun haben, weit weniger *träge* (dem Beharrungsvermögen unterworfen) ist und daher, wenn sie durch diese sympathischen Schwingungen in Tätigkeit versetzt ist, mit ihrer eigenen lebendigen Kraft den ursprünglichen Impuls verstärkt, der dadurch bedeutend vervielfacht werden kann; bei weiterer rhythmischer Wiederholung des ursprünglichen Antriebes, wie bei dem Marschieren der Soldaten auf der Brücke, können dann die Schwingungen so mächtig werden, dass die Wirkung gar nicht mehr im Verhältnis zur Ursache zu stehen scheint. Ja man kann geradezu sagen, dass es kann eine Grenze für die denkbaren Wirkungen dieser Kraft gibt, falls ein großer Adept sie benutzt, der ihre Anwendbarkeit voll begreift, denn die ganze Entstehung des Weltalls selbst war nur die Folge der Schwingungen, die von dem ausgesprochenen *Wort* in Bewegung gesetzt wurden.

Mantras. Die Klasse der Mantras oder Zaubersprüche, die ihre Wirkung nicht durch die Beherrschung von Elementarwesen erzielen, sondern nur durch die Wiederholung gewisser Klänge, üben diese Wirkung ebenfalls durch die Tätigkeit sympathischer Schwingungen aus.

Dematerialisation. Das Phänomen des Sich-Auflösens oder der Dematerialisation kann ebenfalls durch die Tätigkeit äußerst schneller Schwingungen veranlasst werden. welche die Kohäsion, die Anziehungskraft der einzelnen Moleküle des betreffenden Gegenstandes überwindet. Eine noch höhere Stufe von Schwingungen einer etwas anderen Art, trennt diese Moleküle wiederum in ihre einzelnen Atome, aus denen sie zusammengesetzt sind. Ein Körper, der auf solche Weise in den ätherischen Zustand übergeführt ist, kann durch einen astralen Strom mit großer Geschwindigkeit von einem Ort zum anderen gebracht werden; und in demselben Augenblick, wenn die Kraft, die angewandt worden ist, um ihn in diesen Zustand zu versetzen, zurückgezogen wird, zwingt ihn der ätherische Druck, seine ursprüngliche Form wieder anzunehmen. Den Meisten wird es anfangs schwer, zu begreifen, wie bei einer solchen Prozedur die Form des betreffenden Körpers erhalten bleiben kann. Es wurde kürzlich folgender Einwand erhoben: wenn irgendein Metallgegenstand, – sagen wir ein Schlüssel, – geschmolzen und in höherer Wärme in den gasförmigen Zustand übergeführt und ihm dann die Wärme wieder entzogen wird, dann kehrt er sicher wieder in den festen Zustand zurück, aber er ist dann nicht mehr ein Schlüssel, sondern ein Klumpen Eisen.

Der springende Punkt ist gut bezeichnet, obgleich tatsächlich die Analogie hier nicht zutrifft. Die Elementar-Essenz, die den Schlüssel beseelt und belebt, würde durch die Änderung seines Zustandes ausgetrieben werden, – nicht, dass die Essenz selbst durch die Wirkung der Hitze affiziert würde, sondern, wenn ihr zeitweiliger Körper (als ein fester) zerstört wird, strömt sie zurück in den großen Vorrat solcher Essenz, gerade wie die höheren Prinzipien des Menschen absolut nicht durch die Hitze oder Kälte beeinflusst werden können, und doch aus einem physischen Körper ausgetrieben werden, wenn er durch Feuer zerstört wird.

Folglich ist die Elementaressenz (die *feste* Gattung, die der *Erde*), die nun, wenn der Schlüssel sich wieder bis zum festen Zustand abgekühlt hat, in ihn einströmt, keineswegs dieselbe, wie die, welche er vorher enthielt, und es ist daher kein Grund vorhanden, weshalb er dieselbe Gestalt wieder annehmen sollte. Jemand der einen Schlüssel *auflöst*, zum Zweck, ihn durch Astralströme von einem platz nach einem anderen zu schaffen, muss sehr sorgfältig dieselbe Elementaressenz in genau derselben Gestalt erhalten, bis der Transport bewerkstelligt ist; denn wenn die Willenskraft zurückgezogen wird, dient die Essenz als Form, in welche die festwerdenden Teilchen strömen, oder besser, um welche sie sich wieder gruppieren. So wird, falls die Kraft der Gedankenkonzentration des Ausführenden nicht versagt, die Gestalt ganz genau erhalten. –

Auf diese Weise werden häufig bei spiritistischen Sitzungen in einem Augenblick Gegenstände aus großer Entfernung herbeigebracht, und es ist klar, dass, wenn sie sich aufgelöst haben, sie mit großer Leichtigkeit durch jeden festen Körper hindurch gehen können, z. B. durch die Mauer eines Hauses oder die Wand eines Kastens; das, was man gewöhnlich *die Durchdringung eines festen Körpers durch einen anderen* nennt, erscheint demnach, richtig verstanden, ebenso einfach, wie das *Durchdringen* des Wassers durch ein Sieb, oder eines Gases durch eine Flüssigkeit bei manchen chemischen Experimenten.

Materialisation. Da es möglich ist, durch eine Änderung in der Schwingungsweise die Materie vom festen Zustand in den ätherischen zu versetzen, so ist es begreiflich, dass es ebenfalls möglich ist, den Vorgang umzudrehen, und Äthermaterie in den festen Aggregatzustand überzuführen. Wie der eine Prozess das Phänomen der Auflösung oder Dematerialisation erklärt, so der andere den der Verdichtung, der Materialisation; und gerade, wie im ersten Fall eine dauernde Anstrengung des Willens nötig ist, um zu verhindern, dass der Gegenstand seine frühere Form wieder annimmt, so ist eine solche Anstrengung genau ebenso nötig, um zu verhindern, dass die verdichtete Form wieder in den ätherischen Zustand zurückfällt.

Es ist zweifellos, dass manchmal aus dem Körper des Mediums dichte, sichtbare physische Materie zeitweilig entnommen wird, so schwierig es auch für uns sein mag, uns die Möglichkeit einer solchen Übertragung vorzustellen. Ich selbst habe Fälle beobachtet, in denen solches Vorkommnis stattfand, und sich durch einen beträchtlichen Gewichtsverlust des physischen Körpers des Mediums dokumentierte. Ähnliche Fälle finden sich in Colonel Olcotts „People from the Other World" (Leute aus der anderen Welt) und in „Un cas de Dématerialisation" (Ein Fall von Dematerialisation) von A. Aksakow. Bei den Materialisationen, die man bei den gewöhnlichen Sitzungen sieht, wird die Materie, die hierzu nötig ist, so viel wie möglich vom Ätherkörper des Mediums entliehen, – ein Vorgang, der für die Gesundheit desselben nachtheilig und aus verschiedenen anderen Gründen sehr wenig wünschenswert ist.

Das erklärt die Tatsache, dass die materialisierte Form gewöhnlich unweigerlich an die unmittelbare Nähe des Mediums gebannt ist, und dass sie einer Anziehungskraft unterworfen ist, die sie fortwährend zu dem Körper zurücktreibt, aus welchem sie hervorgegangen ist; wird sie daher vom Medium zu lange ferngehalten, dann fällt die Form in sich zusammen, und die Materie, aus der sie bestand, nimmt wieder den ätherischen Zustand an und strömt augenblicklich zu ihrem Ausgangspunkt zurück.

Weshalb Dunkelheit nötig ist. Der Grund, weshalb die Wesen, die eine Sitzung beeinflussen, leichter in der Dunkelheit operieren oder wenigstens bei nur schwachem Licht, wird nun klar sein, da ihre Macht gewöhnlich unzureichend ist, bei den immensen Schwingungen des hellen Lichts eine verdichtete Form oder selbst eine *Geisterhand* länger als für wenige Sekunden zusammenzuhalten.

Diejenigen, die viele Sitzungen mitgemacht haben, werden ohne Zweifel bemerkt haben, dass es drei Arten von Materialisationen gibt: erstens solche, die fühlbar sind, aber nicht sichtbar, zweitens solche, die sichtbar sind, aber nicht fühlbar, und drittens sowohl fühlbare wie sichtbare. Zu der ersten Art, der bei weitem gewöhnlichsten, gehören die unsichtbaren Geisterhände, welche so häufig den Beisitzenden das Gesicht streicheln oder kleine Gegenstände im Zimmer umhertragen; ebenso die Stimmorgane, von denen die *direkten Stimmen* ausgehen. In diesem Fall wird eine Art Materie angewandt, die das Licht weder zurückwerfen noch ihm den Durchgang wehren kann, die aber unter bestimmten Umständen imstande ist, in der Atmosphäre Schwingungen entstehen zu lassen, die auf uns als Ton wirken.

Geister-Fotografien. Zu dieser Klasse gehört auch die Art teilweiser Materialisation, die dem Grade nach freilich nicht fähig ist, Licht hervorzubringen, das wir sehen können, aber doch imstande ist, einige der ultravioletten Strahlen zu beeinflussen, sodass sie einen mehr oder weniger bestimmten Eindruck auf die empfindliche platte machen kann und uns so verschafft, was wir als *Geister-Fotografie* kennen.

Wenn nicht genügend Kraft zur Verfügung steht, um eine vollkommene, dichte Materialisation herzustellen, erhalten wir manchmal die nebelartige Gestalt, die in unsere zweite Klasse gehört, und in einem solchen Fall warnen meistens die *Geister* die Beisitzenden, die Formen, die erscheinen, nicht zu berühren.

In den selteneren Fällen einer vollständigen Materialisation ist genügend Kraft vorhanden, wenigstens für kurze Zeit eine Form zusammenzuhalten, die man sowohl berühren wie sehen kann.

Wenn ein Adept oder sein Jünger es für nötig findet, sich für irgendeinen Zweck einen mentalen oder einen Astralkörper zu materialisieren, so benutzt er nicht seinen eigenen ätherischen Körper oder den eines anderen Menschen, denn er weiß, wie die nötige Materie aus der Astralwelt oder selbst vom Akasha zu entnehmen ist.

Verdoppelung. Ein anderes Phänomen, das eng mit diesem Teil unseres Gegenstandes verknüpft ist, besteht in der Verdoppelung und wird dadurch fertiggebracht, dass man einfach im Astralen eine vollkommene Gedankenform von dem zu kopierenden Gegenstand hervorruft und dann um diese Form die nötige physische Materie sammelt. Natürlich muss man hierbei gleichzeitig jedes kleinste Teilchen des zu vervielfältigenden

Gegenstandes im Inneren und außen genau im Auge behalten; es bedarf daher, um dieses Phänomen hervorzubringen, beträchtlicher Konzentration des Denkens.

Manchmal sind diejenigen, die solches vollbringen, unfähig, das nötige Material direkt aus der Astralmaterie zu verdichten; dann entnehmen sie es dem Original, das dadurch natürlich leichter an Gewicht wird.

Projektion. Wir lesen in der theosophischen Literatur häufig von Projektionen (oder Präzipitationen) von Briefen und Bildern. Dieses Experiment kann, wie jedes andere, auf verschiedene Weise ausgeführt werden. Ein Adept, der jemandem eine Mitteilung zugehen zu lassen wünscht, kann ein Stück Papier vor sich hinlegen, ein Gedankenbild von der Schrift gestalten, die auf dem Papier erscheinen soll, und aus der Astralwelt die Materie ziehen, mit welcher er dieses Bild materialisiert; oder er zieht es vor, dieselbe Prozedur auf dem Papier dessen vorzunehmen, der die Mitteilung erhalten soll, was ihm ebenso leicht ist, sei die Entfernung, welche sie wolle.

Eine dritte Methode, die viel häufiger angewandt wird, da sie Zeit spart, ist die, den ganzen Inhalt des Briefes dem Denkvermögen irgendeines Schülers einzuprägen und es ihm zu überlassen, die mechanische Arbeit der Projektion auszuführen. Dieser Schüler würde dann ein Blattpapier nehmen, und sich eine Vorstellung von dem geschriebenen Brief in der Handschrift des Meisters machen, und hierauf diese Schrift materialisieren, wie soeben beschrieben. Wenn er es zu schwierig findet, gleichzeitig die beiden Operationen auszuführen, die Materie von der Astralwelt heranzuziehen und die Schrift auf dem Papier erscheinen zu lassen, so kann er auch gewöhnliche Tinte oder eine Kleinigkeit Farbpulver neben sich auf den Tisch stellen, die leichter herangezogen werden können, da sie schon physische Materie sind.

Es ist klar, dass der Besitz eines solchen Könnens eine sehr gefährliche Waffe in den Händen eines gewissenlosen Menschen sein würde, da es gerade so leicht ist, die eine Handschrift nachzuahmen, wie jede andere, und es unmöglich wäre, auf gewöhnliche Weise einen Betrug zu entdecken, der in solcher Art ausgeübt wäre. Ein Schüler, der in direkter Verbindung mit irgend einein Meister steht, hat stets untrügliche Beweismittel dafür, ob eine Botschaft wirklich von diesem Meister ausgegangen ist oder nicht; für andere liegt der Beweis der Echtheit allein im Inhalt des Briefes und im Geist, der aus ihm atmet, da die Handschrift, die höchst geschickt nachgeahmt werden kann, als Beweis absolut keinen Werth hat. –

Was die Geschwindigkeit der Prozedur anbelangt, so wird ein Schüler, dem die Arbeit der Projektion neu ist, wahrscheinlich nur imstande sein, wenige Worte auf einmal sich *vorzustellen*, und wird deshalb kaum schneller vorankommen, als wenn er seinen Brief auf gewöhnliche Weise schreibt; ein Erfahrener, der eine ganze Seite oder vielleicht gar den ganzen Brief sich auf einmal im Geist vor Augen halten kann, würde die Arbeit mit großer Leichtigkeit auf diese Weise vollbringen. Nach solcher Methode werden manchmal ganz lange Briefe in wenigen Sekunden bei einer Sitzung fertig gebracht. Wenn ein Bild projiziert werden soll, ist die Methode genau dieselbe, ausgenommen dass es absolut notwendig ist, dass die ganze Szene auf einmal zur *Vorstellung* gelangt; falls viele Farben auf dem Bild sich finden, kompliziert sich dadurch die Aufgabe natürlich sehr, da alle Farben erst hergestellt werden, diese auseinander gehalten und genau dieselben Mischungstöne, wie die des Originals, hervorgerufen werden müssen. Augenscheinlich ist hier viel Spielraum für die Ausübung künstlerischer Fähigkeiten, – und man muss nicht denken, dass jeder Bewohner der Astralebene auf diese Weise ein gleich gutes Bild hervorrufen kann; dem, der im Leben ein großer Künstler gewesen ist, und der deshalb zu sehen gelernt hat und weiß, worauf es zu achten gilt, wird es jedenfalls besser gelingen als einem gewöhnlichen Menschen, der nach dem Tode auf der Astralebene dieses projizieren versucht.

Tafelschrift. Die Tafelschrift, in deren Ausführung unter genauer Kontrolle der Bedingungen einige der größten Medien sich so berühmt gemacht haben, wird manchmal durch projizierung bewerkstelligt, obgleich häufiger das Stückchen Griffel, das zwischen die Tafeln gelegt wird, von einer *Geisterhand* geführt wird, von der gerade nur die äußersten Fingerspitzen materialisiert werden, die nötig sind, das Stückchen zu erfassen.

Levitation (Erhebung). Eine Erscheinung, die gelegentlich bei Sitzungen vorkommt, doch öfter bei Yogis im Orient, ist die sogenannte Levitation – das will sagen, das Schweben eines menschlichen Körpers in der Luft. Zweifellos wird er, wenn dies bei einem Medium vorkommt, oft einfach von *Geisterhänden* aufgehoben; aber es gibt noch eine andere, wissenschaftlichere Methode, dieses Kunststück auszuführen, die stets im Orient und gelegentlich auch hier angewandt wird.

Der okkulten Wissenschaft ist ein Mittel bekannt, die Schwerkraft zu neutralisieren und selbst ins Gegenteil zu kehren; und es ist klar, dass bei richtiger Anwendung dieses Mittels alle Erscheinungen der Levitation leicht bewerkstelligt werden können. Ohne Zweifel war es die Anwendung dieses Geheimnisses, die es ermöglichte, dass einige der Luftschiffe Altindiens und Atlantis leicht genug gemacht werden konnten, um sich von der Erde erheben und ohne Schwierigkeit bewegt und gesteuert werden zu können; und es ist nicht ganz unwahrscheinlich, dass die Bekanntschaft mit den höheren Naturkräften die Arbeit erleichterte, die enormen Steinblöcke zu heben, die manchmal bei den Zyklopenmauer, so wie bei den Pyramiden und Stonehenge Konstruktionen Verwendung fanden.

Geisterhafte Lichterscheinungen. Mit der Kenntnis der Naturkräfte, welche die Astralebene ihren Bewohnern zur Verfügung stellt, ist die Erzeugung der Lichterscheinungen eine leichte Sache, ob sie nun eine sanfte Phosphoreszenz darstellen, oder eine blendende elektrische Erscheinung, oder die merkwürdigen tanzenden Lichtkügelchen, in welche eine gewisse Klasse von Feuerelementarwesen sich so geschwind zu verwandeln vermögen. Da alle Lichterscheinungen nur in Ätherschwingungen bestehen, so ist es klar, dass jeder, der weiß, wie solche Schwingungen erregt werden können, ganz nach Wunsch jede Art von Licht hervorrufen kann.

Das Anfassen glühender Gegenstände. Mit Hilfe der ätherischen Elementaressenz wird auch gewöhnlich das Kunststück fertiggebracht, ohne Schaden glühende Gegenstände anzufassen, obgleich es auch hier wieder verschiedene Wege gibt, um zum Ziel zu gelangen. Die dünnste Schicht ätherischer Substanz kann so präpariert werden, dass sie absolut undurchdringbar für die Hitze wird; und wenn die Hand des Mediums oder der Beisitzer mit diesem Äther bedeckt ist, kann er mit der größten Gelassenheit brennende Kohle oder glühendes Eisen in der Hand halten.

Transmutation (Verwandlung einer Substanz in eine andere). Die meisten Vorkommnisse in den Sitzungsräumen sind jetzt besprochen worden; aber es gibt noch ein oder zwei seltene Phänomene, die in unserer Liste nicht ganz außer Acht gelassen werden dürfen. –

Die Transmutation von Metallen wird meistens nur für einen Traum mittelalterlicher Alchemisten gehalten, und unzweifelhaft war in den meisten Fällen die Beschreibung des Vorgangs auch nur ein Symbol für die Reinigung der Seele; jedoch scheinen Beweise dafür vorhanden zu sein, dass sie die Transmutation verschiedentlich wirklich fertiggebracht haben, und es gibt kleine Magier im Orient, die behaupten, dass sie dies auch jetzt noch unter beweisenden Bedingungen vollführen können. Mag dem sein, wie es will, wenn das Grundatom in allen Substanzen eins und dasselbe ist, und die Substanzen sich nur durch die verschiedene Art Unterscheiden, wie die Atome zusammengefügt sind, so ist es sicher, dass für jeden, der die Macht besitzt, ein Stück Metall in Atome aufzulösen, und sie in einer anderen Form wieder zusammenzustellen, keine Schwierigkeit vorhanden ist, die Transmutation in jedem gewünschten Maßstab auszuführen.

Reperkussion. Das Prinzip der oben erwähnten sympathischen Schwingungen erklärt auch das sonderbare und wenig bekannte Phänomen der sogenannten Reperkussion, vermöge welcher irgendein Schaden, der dem materialisierten Körper während seiner Wanderung angetan, oder irgendein Zeichen, das auf ihm angebracht wird, auch auf seinem physischen Körper sich wiederfindet.

Wir erkennen Spuren dieses Phänomens in Tatsachen, die im Mittelalter zuweilen bei Hexenprozessen als Verdachtsmomente vorgebracht wurden, nämlich, dass eine Wunde, die der *Hexe*, während sie die Gestalt eines Hundes oder eines Wolfes angenommen hatte, zugefügt war, an dem betreffenden Teil ihres menschlichen Körpers vorgefunden wurde.

Dasselbe seltsame Gesetz hat manchmal dahin geführt, gegen ein Medium eine vollständig ungerechte Beschuldigung des Betrugs zu erheben, weil z. B. die auf die Hand des materialisierten *Geistes* gestrichene Farbe sich nachher auf der Hand des Mediums fand. In diesem Falle war, wie meistens, der *Geist* der ätherische Körper des Mediums, der durch den ihn beherrschenden Einfluss veranlasst worden war, irgendeine andere Form, als die seinige, anzunehmen. Tatsächlich stehen diese beiden Teile des physischen Körpers in so inniger Verbindung mit einander, dass es unmöglich ist, den Grundton des einen anzuschlagen, ohne sofort genau entsprechende Schwingungen im anderen hervorzurufen.